JESÚS FERNÁNDEZ SANTOS

PALABRAS EN LIBERTAD

EDITORIAL ARIEL, S. A.
BARCELONA

ariel quincenal

Colección fundada por
ALEXANDRE ARGULLÓS Y JOSEP M. CALSAMIGLIA

Director:
ANTONIO PADILLA BOLÍVAR

864
F363p

Cubierta: Rai Ferrer («Onomatopeya»)

1.ª edición: noviembre 1982

ISBN: 84 344 0815 5

Depósito legal: B. 38.856 - 1982

84-8721

Impreso en España

PALABRAS EN LIBERTAD

ariel quincenal

La libertad —asegura Cervantes—, es la única cosa por la que se puede y debe dar la vida. Él mismo estuvo a punto de perder una por ganar la otra en los Baños de Argel antes de que la gloria le llegara definitivamente por el camino de las letras.

Letras y libertad, destinadas a transformar el mundo, corrieron casi siempre enfrentadas desde un pasado remoto y medieval hasta estos nuevos tiempos capaces de alumbrar nuevos rigores.

No es raro que Cervantes soñara con una nueva edad dorada y sin cadenas, pues la palabra si no es libre sólo supone vago reflejo de sí misma, lengua muerta, vacía o juego de artificio. Nuestro Arcipreste de Hita bien lo supo, o al mismo Fray Luis de León en las cárceles de Valladolid, o el ilustre don Antonio Machado intentando poner sus versos al servicio de una España dividida.

Palabra libre frente a juicios vanos; a su valor, a su dolor nunca fueron ajenos los escritores españoles desde Lope a Cervantes, obligado a cambiar el desenlace de El celoso extremeño. Tampoco es mal ejemplo a su vez Francisco de Quevedo, en cuyos Sueños debió autocensurarse cambiando, a la hora de editarlos, sus bromas sobre las Escri-

turas por alusiones a personajes mitológicos, cargando sus culpas incluso sobre las sufridas espaldas de los impresores.

Quiérase o no, en uno y otro siglo, censura y autocensura, libertad e inquisición, siempre quemaron libros en nuestros claustros y pupitres. Sería inútil establecer comparaciones con culturas diversas y distintos países donde hallaron refugio nuestros autores. La libertad en la vida real y en la otra imaginada de los libros se gana o pierde cada día, tanto en la España de hoy como en aquella otra que animó a nuestros mejores escritores, escribiendo, publicando, editando, midiendo las horas por el reloj preciso de unos cuantos renglones.

Madrid, 15 de octubre de 1982

DÍA Y NOCHE DE MADRID

LA PUERTA

Madrid tiene dos puertas y dos puentes. Dos puentes dignos de tal nombre, se entiende. Las puertas son herederas de aquellas que se abrían en su cerca, modesta muralla que la ciñó en su día, mucho antes de que llegara a corte. Bajo la mole de sus puentes la muerte de Madrid se va, convertida en detritus fecales, parodia de la vida. A través de sus puertas hoy abiertas a nadie, cerradas por parterres de colores, la vida llega convertida en murmullos, humos, voces. Aún hubo otras menos famosas, fantasmales, recordadas en los aniversarios, pasto habitual de cronistas, hoy restos exhumados, sacados a la luz de los periódicos como huesos de elefantes colosales.

De aquellas cinco puertas principales a las que era preciso añadir en tiempos nada menos que otras doce, aún quedan en la memoria la de Atocha, cara a Aranjuez, la de Segovia sobre su puente memorable, la de los Pozos de Nieve que refrescaba, al menos con el nombre, los tórridos veranos madrileños y la de San Vicente, cuyos pilares y dinteles aún andan en litigio sobre si conviene o no resucitarlos. Así pues, sólo nos quedan dos: la de Toledo, postergada, un poco abochornada se diría, de cargar con el recuerdo y el nombre de

Fernando VII, con su coreografía gesticulante de panoplias, escudos y coronas, y la otra de Alcalá. Pero bien se vé que esta segunda es otra cosa. Bien se nota desde sus proporciones hasta las huellas aún vivas de nuestra guerra de la Independencia. Se apoya por un lado en el jardín alzado por un rey estajanovista del amor, más célebre por la gracia de un pincel generoso que por sus dotes de hombre de estado inéditas. Sus arcos miran a España entera, pues ya se sabe que las puertas siempre se alzaron más para avizorar en el horizonte el porvenir de los hombres que para abrirse o cerrarse a amigos o enemigos. Si su brazo diestro descansa en el Retiro, el izquierdo toma fuerza y reposa en ese corazón cordial del, en tiempos, altivo pueblo madrileño.

A fin de cuentas para él se alzó aunque el pretexto fuera un rey casto, paternalista y cazador, ordenador de la ciudad tal como en parte se conserva allí donde otros torpes alcaldes no se le entrometieron.

Inaugurada hace dos siglos y dos meses, ¿qué vería el monarca, desde sus arcos en tiempos despejados, abiertos a una de las más amplias calles de la villa? Esa calle que existe en todas las capitales del mundo, esa vía que lleva desde su centro principal hasta los últimos rincones de su geografía, se vería animada por un pueblo protagonista poco tiempo después de la obra del más popular de nuestros pintores. Es un pueblo de mirada curiosa, cuando no alucinada, qué contempla a gañanes disfrazados de majos alzarse sobre zancos colosales, volar cometas en cielos claros aún o torear a pie reses valientes y pequeñas. Es un pueblo que calla, mira y acecha, que canta en míseras procesiones, participa en sombríos aquelarres y se asombra ante milagros estupendos. Desde la puerta puede vérsele embozado, bajo su amplio sombrero, con su recio calzón y su media remedo de la carne.

Y también desde esa puerta que lleva su nombre, puede el monarca ver la siembra en que se halla empeñado sobre la piel oscura de su reino. Siembra de fuentes nobles, fábricas y puentes, de museos y sociedades, de un nuevo afán por la cultura de toda índole. Quizás ve a la Universidad vieja y ritual, inútil como hoy, anclada en textos graves y pedantes, reacia a toda nueva ordenación, a cualquier nuevo viento que propicie imprevistos cambios. Ni Salamanca, ni Alcalá, ni Santiago quieren saber de nuevos planes escolares. Sus doctores vegetan, les basta con ser baluarte de la Religión en tanto rechazan a sus colegas de Europa para enzarzarse en cuestiones de pompa y ceremonia. Los estudiantes estudian poco, como ahora, y comen menos aún, preludio de futuros desamparos. En su guerra civil contra los profesores que no se dejan ver, que no explican gran cosa, se amparan en su desdén contra el desdén que a veces desemboca en actitudes broncas. Y en cuanto a la Administración vendrá a convertirse en el muro maestro y principal donde irán a estrellarse intentos y propósitos.

Es una guerra sorda y eficaz de leyes y decretos olvidados, detenidos, una quinta columna de inercia sombría, en defensa de privilegios seculares.

Más allá de la puerta, nuestros primeros turistas extranjeros se asombran de la desaforada multitud de mendigos vergonzantes acogidos a la misericordia más o menos pública, licenciados en paro forzoso y gente de a pie que hace de la limosna oficio y beneficio. A todo ello piensa poner remedio el rey con su flamante equipo de ministros, urbanistas y técnicos. En ello debe pensar mientras medita, recibe o practica sus deportes favoritos, en tanto se retrata con su perro favorito a sus pies, rendido por la dura disciplina del dueño. Gobernar quiere decir cambiar, renovar, darle vuelta al país como a un guante muerto de puro viejo. Ahora, apenas embarcado en su empresa, el monarca trata de calibrar los riesgos de transformar el reino sin remover sus cimbras, sus cimientos. ¿Será posible poner al día su Universidad, buscar trabajo a todos, sanear una Administración caduca cuando no interesada, salvar la economía y a la vez renovar la complicada red de lazos exteriores? ¿Será posible resucitar a este país tantas veces traicionado, maltratado, maltrecho, sacarlo de sus años muertos, de su cólera sombría, encaminar sus pasos por los caminos que le ligaron a Europa en otro tiempo? ¿Será preciso consultarle o tratarle a la manera de los viejos médicos? ¿Prestar oído a sus males o seguir la tradición: mantenerle alejado, recetar y esperar a que el cuerpo que todo lo aguanta, salga adelante por sus propios medios? Después de todo, quizás este país desengañado cuando no temeroso, no cree demasiado en remedios nuevos. Acostumbrado ayer como hoy a los duros desastres de las guerras puede que sólo busque unos años de paz a la sombra de esa puerta símbolo de su destino y de su tiempo; simplemente verlas venir, esperar otro milagro como el de san Antonio a la vera del río, asistir a la resurrección de su cadáver para ver esta vez quién carga con el muerto.

«Daban en Madrid, por los fines de julio, las once en punto; hora menguada para las calles por falta de luna, jurisdicción y término redondo de todo requiebro y patarata de la muerte...» Daban las once en la corte de los Austria y se echaba a la calle la turbamulta de navajeros y rufianes en busca de bolsas ajenas, del lance por el lance, desahogo habitual de tanto afán frenado, de tanta empresa frustrada, de tanto beneficio negado o preterido. Daban las once en un Madrid oscuro, maloliente, peligroso, jalonado de montones de basura y contados faroles. Cuadrillas recién salidas a tan escasa luz, venidas en su mayor parte de los alrededores, hacían frente a la justicia hasta la madrugada, hora propicia para retirarse y hacer balance de famas recientes y gloriosas cicatrices.

Según afirman quienes de tales hechos se ocuparon, la ociosidad, la falta de trabajo, el hambre, el espíritu aventurero y la relajación de costumbres, achaques generales de la España del siglo XVII, trajeron a la vida tal fauna social, nacida en esta capital considerada por entonces como una de las más sucias y peligrosas de Europa. Es verdad que existía un servicio de limpieza encargado de recoger basuras y regar, pero el aire de Madrid, ese aire inmortalizado en versos mucho más limpios y ligeros, se había vuelto irrespirable cuando no hediondo a fuerza de talar bosques, incautar prados y cegar manantiales a fin de edificar sobre su tierra yerma conventos para la buena salud del cuerpo y palacios donde olvidar miserias terrenales.

Y por si fuera poco aquel viento emponzoñado que minaba pulmones y gargantas, por si no eran bastantes las talas sistemáticas, los robos en la noche, los asaltos a la mujer en cualquier ocasión, la villa también conocía por entonces el tormento cotidiano de los coches. Ni el mismo Felipe II consiguió frenar el entusiasmo de los españoles por aquellos nuevos y colosales artefactos en los que, encaramados, miraban a sus contemporáneos con una mezcla de desdén y arrogancia, como desde la almena de una torre recién conquistada. Su profusión, la necesidad de pasearse ya que no de viajar, que a fin de cuentas es un modo de ilustrarse, llevó al mismo Lope a escribir aquello de «Está la corte de coches, como el mar con varias naves; / hay coches urcas flamencos, coches galeras reales, / coches naves de alto borde, coches pequeños patajes, / coches ingleses baúles, coches cofres alemanes».

Año tras año, pragmática tras pragmática, municipios y alcaldes intentaron paliar ya que no hallar solución a tal desbarajuste. Incluso el mismo rey tomó cartas en el asunto intentando llevar seguridad, orden e higiene a las calles de su reciente corte, pero tales esfuerzos quedaron en meros proyectos, chocando en ocasiones con la barrera infranqueable de propietarios, ediles e intereses.

Casi un siglo más tarde, Madrid ofrecía ese aspecto de lugarón tosco y manchego, tan del agrado de sus detractores. Crecido, alzado sin sentido ni proporción, sin orden ni concierto, parecía más lugar de paso para el más allá que vivienda para el más acá, en torno a un núcleo de edificios nobles. Carlos III alzó por entonces ese Madrid que lleva su nombre justamente puesto que fue creado a su gusto y medida, una ciudad de paseos, puertas, museos y fuentes, algo así como un sitio real para los españoles, después de tanto sitio real alzado para sí mismos por sus antecesores.

El rey Carlos, ya metido en obras, se cuidó de iluminar las calles, garantizar la seguridad de los madrileños, y devolverles su aire limpio de hedores, culminando su obra con sus famosas Ordenanzas municipales. Hay en la prosa de los cronistas y viajeros de su reinado un tono entre sorprendido y entusiasta a la vista de una ciudad moderna surgida no de la nada sino del polvo y la desidia, en torno a un modesto alcázar y a unas cuantas casonas. Se adivina en sus crónicas un aliento de esperanza, ni modesto ni grandilocuente, es decir: lo contrario de las horas que vivimos.

Hoy, con la ciudad de Felipe IV abandonada en parte, convertida en museo cuando no en ruina gloriosa, con las calles de los nuevos barrios cerradas, atascadas a cualquier hora del día, abiertas a la guerrilla urbana de las bandas locales, ciego su cielo de miasmas, emponzoñado el aire más allá de ordenanzas, una nueva justificación

16

viene a asentarse en la ya de por sí adormecida conciencia de los madrileños: todos sus males no son sino secuelas inevitables, lógicas, que arrastran hoy consigo quienes detentan para sí el título de grandes ciudades. Cualquier gran capital debe de padecer parecidas servidumbres. Incluso se carga el acento de ironía cuando se habla de latitudes donde el aire aún puede respirarse, donde salir de noche no es pagar un tributo a la violencia.

Y no es así. Quizás Madrid no vuelva a ser aquella ciudad de antaño, alegre y confiada, tratada, cuando de ella se habla, con ironía paternal, con ese acento entre aldeano y multinacional tan en boga cuando hoy se tratan los asuntos urbanos. Una ciudad no es grande ni moderna por sus bandas nocturnas al estilo de Nueva York, ni por su aire como el de Tokio, que según dicen produce el más contaminado de la Tierra, ni por sus aguas con sabor a insecticida, ni mucho menos por su falta de transportes. La culpa no es de este pueblo de Madrid, al que se obliga a comprar coche para ir a trabajar y se le quita luego porque nadie previó cómo y dónde podría dejarlo, que come y bebe cada día peor, que cada vez debe alejarse más de solares donde estadios colosales se levantan sin más y en el que una torre llega a romper, contra la prensa toda, la última perspectiva noble de la villa. Este Madrid de vaguadas en lucha permanente, de colonias a merced de la lluvia, esta ciudad, en fin, bien querría ser algo más que un bonito cartel viejo de tanto repetirse. Este pueblo merecería que lo transformaran de una vez, para siempre, no en un museo de estilos, sino en una ciudad real construida a la medida del hombre, simplemente habitable y sin rascacielos para pobres, ni monumentos megalíticos con que perpetuar efemérides patrias o lugares de encuentros para ovnis. Este pueblo bien merecería llegar a convertirse en algo suyo y distinto a la vez, tal como fueron siempre su perfil y carácter, lejano a un tiempo de la grandilocuencia del poder y de la absurda megalomanía de urbanistas interesados y arquitectos pedantes cuando no mediocres.

LOS NOMBRES DE LAS CALLES

Han cambiado los nombres de las calles, o por mejor decirlo, les han devuelto el primitivo, ya que La Castellana o Recoletos, nunca dejaron de llamarse así, por encima de razones más o menos administrativas. Ciertos barrios o colonias privadas, adivinando el porvenir o recordando pasados desafueros, se adelantaron bautizando a sus modestas vías con nombres que unas veces recordaban mundos perdidos en espacios siderales, lo suficientemente lejos como para no comprometerse, en tanto otras adoptaban patronímicos derivados de flores y plantas, desde el lirio inocente a la temida marijuana.

El máximo ejemplo de asepsia en lo que a nombres se refiere, nos lo ofrece Nueva York cuando allá por el siglo XIX, decide afrontar definitivamente los problemas de una urbanización adecuada a su futuro crecimiento. Como todo el mundo sabe, el plano de esta ciudad se presenta como una red uniforme de calles horizontales y perpendiculares, ordenadas como un tablero calculado. A más se las distingue simplemente por una letra del alfabeto, a otras con números. La única vía irregular que consiguió sobrevivir en esta especie de crucigrama urbano, fue Broadway por una serie de intereses creados. Todo ello, según afirma Benevolo en su historia de la arquitectura, refleja en cierto modo a la Constitución Americana, en la que las reglas de convivencia política se formulan de modo que procuren la mínima limitación a la iniciativa de los ciudadanos.

Nuestro trazado urbano, su eterno baile de nombres bien podría decirse que refleja a su vez una serie de constituciones particulares donde la iniciativa depende muchas veces del capricho de alcaldes y concejales. Basta que un municipio cambie de color para que nombres de escritores, políticos, mártires y santos, cuando no simples particulares, inicien el sueño de los justos o de los condenados en desvanes y depósitos. Así vemos desterrar a Cervantes en beneficio de un poeta local famoso desde ahora por enviar a los Baños de Argel al autor español más famoso de todos los siglos. Así vemos ir o volver, cumplir condena breve o prisión perpetua a tanto muerto ilustre, a tanta efeméride, a tanto monumento alzado, retirado o destruido al compás de involuciones y revoluciones.

¿Dónde van a parar todas esas placas, bustos y monolitos? ¿Se destruyen definitivamente o se conservan a la espera de otros tiempos mejores o peores? Hoy que nacen colecciones para todos los gustos y caprichos, bien podría fundarse un gran museo nacional para defenestrados de todos los colores. Allí estarían las placas arrancadas de las calles, los monumentos retirados, los bustos perdidos. Sería, más que una lección de humildad, un repaso a nuestra historia inmediata y doméstica vivida a golpe de intereses y cuando no de caprichos. Los colegiales visitantes habituales de colecciones y pinacotecas, aprenderían más en este museo imaginario que en los manuales al uso, consultados apresuradamente en vísperas de exámenes. Porque tales manuales también cambian con el paso del tiempo; no hay sino comparar las distintas versiones de una batalla, un rey, de un avatar cualquiera para comprender que aún hoy la Historia se escribe demasiado cerca de la misma Historia.

Por todo ello sería deseable encontrar de una vez para siempre nombres, si no eternos, al menos duraderos. Para honrar hombres o empresas singulares bastan sencillos monumentos. Azorín o Valle-Inclán tienen el suyo, aunque Baroja, a quien tanto debe Madrid, no cuente ni siquiera con calle propia. Cuando no hay dinero para piedra ilustre sirve una simple lápida, como hacen los franceses. Ellos, que algo saben de revoluciones, tienen su Plaza de la Concordia, que bien puede servir de lección y resumen a tanta disputa como enturbia el mal trazado urbano de nuestras capitales.

Hay nombres consagrados por la tradición, el uso o razones inmutables. Así, la Plaza Mayor seguirá siéndolo por mucho que otras la aventajen en perímetro, la calle de Segovia seguirá con su nombre aunque a Segovia se llegue ahora por otros derroteros, la de Toledo continuará apuntando hacia la vieja capital del César y El Greco, y Alcalá mirará a Alcalá por encima de autopistas y desvíos.

Si la Historia puede servir de ejemplo o guía de futuras y posibles decisiones, los madrileños y foráneos no debieran perderse un cuadro de su museo municipal. Se trata de una alegoría de la villa pintada por Goya en 1810 en plena guerra de la Independencia. En dicho medallón retrató el pintor nada menos que a José Bonaparte, tan odiado por los vecinos de la corte.

Dos años más tarde, el mismo Goya, por razones que hoy llamaríamos coyunturales, sustituyó la efigie del intruso por la palabra «Constitución». Trabajo perdido, porque a poco José Bonaparte volvía a entrar en Madrid y un Goya bien dispuesto a adaptarse a las nuevas circunstancias volvía a retratarlo en dichoso medallón pensando que esta vez la cosa iba para largo. Grave error. El 1813 la imagen de aquel débil monarca volaba una vez más del cuadro cediendo de nuevo el paso a la Constitución que vino a llenar el lienzo ya gastado de tanto pintar y borrar efigies trashumantes. Goya se marchó a Francia, no se sabe si temiendo represalias o harto de enmendar la plana a la Historia, y fue Vicente López quien a su vez pintó la efigie del recién coronado Fernando VII.

Cualquiera pensaría que las vicisitudes de esta reliquia singular, espejo de nuestros avatares próximos, destinada a reflejar el acontecer político de España, acabaría allí. Pues no. Veinte años después, un concejal con ideas personales sobre la inestabilidad política mandó borrar a su vez la imagen de aquel rey para poner en su lugar un rótulo que aún debe decir simplemente «Dos de Mayo». Así se puso fin a una cuestión en la que la cultura y la política lucharon entre sí enzarzadas hasta prevalecer el sentido común que suele colocar lo universal sobre lo efímero o particular, ya se trate de lienzos o nombres de calles.

LA CULTURA DEL TEDIO

La iglesia de las Salesas Reales de Madrid aparece desde hace tiempo rematada por una antena de televisión. Saliendo desde Conde Xiquena, cualquiera puede verla rematando el frontón rococó trazado por Francisco Carlier. Habida cuenta de la importancia del antiguo convento al que el templo perteneció en su día, sería curioso saber quién mandó colocarla, quién concedió el permiso pertinente y, sobre todo, qué piensa de tal atentado el pueblo madrileño.

Bien es verdad que desde tiempo atrás, un calvario de cruces similares venía amenazando desde más escondidos aledaños. Ya las casas vecinas de la iglesia mostraban sus colgajos de cables y sus tejados repletos de mástiles enhiestos apuntando a cimas pobladas de grises jarrones o arcángeles blancos. Ahora ese nuevo elemento de nuestro paisaje, imprescindible en campos y ciudades, ha venido a asentarse en lo más alto de los muros que sirven de panteón solitario a un rey amante de la paz que vivió y pasó a mejor vida con el nombre de Fernando VI. Parece ser que cuando la televisión en sus albores ganó rango en América de espectáculo para hogares privilegiados, muchos que no lo eran instalaron en sus tejados antenas, a fin de que los vecinos y amigos de paso imaginaran interiores repletos de confort en torno al aparato extraordinario. El templo de las Salesas de Madrid es difícil que trate de epatar. ¿A quién? ¿A las Descalzas Reales? ¿A la escondida Encarnación? ¿A la Virgen del Puerto, que también tiene su antena inevitable?

No; esta otra, colocada en lo más alto de un monumento nacional del siglo XVIII, mira seguramente más a su caja de truenos que a medirse con las que le rodean dentro y fuera del barrio. Pero ¿qué canónigo prebendal, lectoral, magistral, penitenciero, asilvestrado o regular ve los programas que por ella llegan? Si prebendal, tal vez prefiere los films que acaban en solemnes juicios; si lectoral, los hechos de los Apóstoles; si magistral, escuchará las prédicas con que amontonan votos los futuros ministrables; si, en fin, penitenciero, puede que aprenda a conocer el alma de los hombres.

Tal ha debido suceder en Muel, en la ermita de Nuestra Señora de la Fuente, decorada por Goya en sus comienzos. Su exterior más parece una estación de radar que capilla donde dejó sus huellas uno de los más grandes pintores españoles.

Propietarios, devotos, guardas, párrocos, todos aquellos que de un modo u otro viven vecinos a nuestras iglesias y palacios se preguntarán ¿por qué no?, y por tales razones levantarán sus antenas o repetidores en cualquier Real Sitio, en las torres de cada catedral, en el Patio de los Leones de la Alhambra.

A no ser, claro está, que la de las Salesas se

deba a algún deseo póstumo del rey Fernando VI. Pues como todos sabemos, nuestro mejor monarca de la paz, resultó en sus días el rey más aburrido de la tierra. Nada le entretenía; ni el gobierno o la caza, ni mucho menos los espejos de Palacio que le representaban, no como sus artistas le pintaban, sino tal como era: bajo, sombrón, callado sin motivo. Su constante miedo a la muerte, su soledad sin hijos, sus constantes depresiones de las que doña Bárbara de Braganza no siempre era capaz de rescatarle, hicieron de él una sombra furtiva y sin embargo cordial para los madrileños que siguieron sus días, paso a paso, desde las frondas de su Buen Retiro hasta Villaviciosa de Odón, en donde sucumbió de tenaz melancolía.

No hubo hasta entonces ni después tampoco una pareja real menos dotada por la Naturaleza, pues si el rey no era precisamente un dechado de gracias, la reina, con su boca desproporcionada, sus ojillos menudos y redondos mofletes no le iba a la zaga ni siquiera en la faz de las medallas que con motivo de sus bodas se acuñaron. Y sin embargo resultó su reinado uno de los más felices, prósperos y tranquilos que conocieron hasta entonces los españoles. El único en no disfrutarlo fue el monarca, que eligió para aliviar sus horas a Carlo Broschi Farinelli, «el prodigio de Europa», napolitano de la ilustre progenie de los famosos «castrati», que ganó a lo largo de su vida tanto como perdió en la operación a la que en la niñez fue sometido para aguzar sus trinos en bien de los melómanos. Su canto, que según sus contemporáneos embelesaba tanto a nobles como a sabios, tuvo la singular virtud de ganar para siempre el favor real, convirtiéndole en cortesano destacado. Su genio no se mostraba sólo en sus dotes superiores, sino que supo organizar durante años espectáculos en el Retiro de Madrid; y en los jardines de Aranjuez, donde nunca faltó la aristocracia de la Corte.

Mas como nada dura eternamente, ni siquiera la vida de los príncipes, María Bárbara de Braganza, pensando sobrevivir al rey, murió antes que el monarca, llevándose consigo la poca luz que a su esposo quedaba.

Unidos en la vida y en la muerte, en el fondo convencidos burgueses, seguramente hubieran sido entusiastas de una televisión real, a su gusto y medida si en la pantalla hubiera sonado la voz de su bien amado Farinelli. Desde su Sitio Real tal vez le hubieran dado un alto cargo al estilo de la época.

Si así fuera, si desde su panteón el rey Fernando, abúlico y noctámbulo, ve los programas de la noche, sería cuestión de tomarlo en cuenta para mejorarlos; mas si la antena es sólo un atentado más, a medias entre la incultura y el desacato, mejor retirarla para dar al César lo que es del César y a Dios lo que es de Dios en la vida y en los muros eclesiásticos.

CRÉDITOS Y GITANOS

Los asuntos interiores del Ministerio de Asuntos Exteriores marchan muy lentamente. Quien lo dude no tiene sino echar un vistazo al interior de la basílica de San Francisco el Grande. La historia de esta colosal iglesia madrileña llamada así para diferenciarla de otra anterior, más pequeña y modesta, seguramente más acorde con el espíritu del santo, aparece animada desde su nacimiento por continuas mudanzas y sobresaltos. Más allá de su primer asentamiento, destinado a lugar de reposo definitivo por las más importantes familias madrileñas, el auge y empeño de la comunidad franciscana llevó a alzar en pleno siglo XVIII este templo demasiado imponente. Una vez las orden, Fray Francisco Cabezas, de la Real Acaderigor, presentó un proyecto, mas la comunidad lo rechazó para pasar su encargo a un lego de la orden, Fray Francisco Cabezas, de la Real Academia de Bellas Artes de San Fernando; se colocó la primera piedra y a lo largo de siete años el templo se fue alzando, consumiendo los donativos de los madrileños y aun los de su rey Carlos III, quien, en vista de que las obras no llevaban camino de acabarse, expidió una Real Cédula incluyéndolas en el Real Patronato de los Santos Lugares.

Ni aun cambiando su primitivo nombre por el de Obra Pía, consiguió tal patronato sacar adelante el empeño de Cabezas, viéndose otra vez interrumpidos los trabajos a la hora de la verdad, es decir, cuando llegó el momento de acometer la cúpula. La misma Academia que dio su visto bueno al proyecto se lo pensó mejor, y como en estos casos es más fácil prohibir que decidir, una vez suspendidas las obras exigió nuevos cálculos. Fray Francisco, a pesar de su nombre, montó en cólera y se marchó a Valencia, dejando tras de sí a la corte dividida en reñida polémica hasta que cierto día se llegó a la conclusión de que sólo se había pecado de excesivo miedo. Se acabó la basílica y, aunque desnuda de todo ornamento, pronto vino a servir de escenario a multitud de variados proyectos. José Bonaparte soñó en ella un salón de Cortes que nunca llegó a ver realizado dado lo breve de su paso, en tanto la aristocracia más realista y apegada a la tierra, se dedicó a casar allí a sus hijos, incluyendo al mismo Fernando VII. Mendizábal cerró la iglesia al culto y una nueva administración decidió dedicarla a Panteón Nacional, precedente flagrante de centralismo funerario al que el país opuso un silencio de espera prolongado.

Mas como cuenta el padre Esteban Ibáñez en su guía, allá por el año de gracia de 1869 llegaron a la capital desde los puntos más alejados de la Península, nada menos que dieciocho carrozas con ilustres cenizas acogidas con fervor y entusiasmo por los madrileños. Las urnas fueron colocadas solemnemente en el interior de la basílica; Juan de Mena a la vera de Luis Vives, Tirso y Padilla junto a Garcilaso; plumas y espadas mezcladas, reunidas, auténticas o no, a lo largo de ocho fúnebres años.

Lo que más tarde sucedió se adivina fácilmente. Este proyecto precursor no pudo llevarse a cabo por falta de recursos pecuniarios y aquellos que recibieron a tanto muerto ilustre, los vieron cierto día partir, sin pompa ni ceremonia, camino de casa como tras de unas improvisadas vacaciones.

Pasaron más años y guerras, y ya en días vecinos a los nuestros la Obra Pía, a fin de rematar aquel proyecto de Cabezas, tantas veces iniciado, olvidado, mudado o preterido, no contando con medios suficientes, obtuvo a través del Ministerio de Asuntos Exteriores dos créditos extraordinarios.

Al fin se consagró la iglesia convertida en basílica, pero el destino parecía siempre en contra. Unas inoportunas humedades aconsejaron repintar aquella bóveda dichosa, tantas veces retratada por Goya en sus paisajes de Madrid.

Temiendo nuevos daños se montó en el interior, hace ya unos años, un verdadero bosque de andamios amarillos, verdadera Cueva de Artá mecánica que estorba la vista de capillas, altares y cuadros si no buenos al menos regulares. El ingenioso mecanismo, y gracias al cual los restauradores podrían alcanzar cimas celestiales, aparece convertido en sucio bosque de columnas, en armazón que estorba, corta y hiela la mirada de cualquier visitante.

Un Goya juvenil en su cuadro junto a la puerta, contempla asombrado tal artefacto, útil quizás para derrumbes venideros, ruinas famosas o inundaciones capaces de arrastrar consigo no sólo tejas y ladrillos, sino cualquier futura ceremonia. Pues en esta basílica, a un tiempo clásica y castiza, tienen lugar las bodas y los funerales de los gitanos. Es fácil encontrarlos cualquier día de fiesta, cetrinos, vestidos de luto riguroso, consolando espectacularmente a sus deudos, rescatando a los niños de los rincones mal iluminados, apretadas las hembras bajo el pañuelo negro y la blusa de raso restallando. Allí están, según dicen, porque en San Francisco, aparte del santo, se les trata bien, se les hace un buen panegírico del muerto. El resto no parece importarles demasiado. Pagan con generosidad y se van con los vivos, ajenos a todo, incluso a las razones de por qué al cabo de los años el templo sigue como siempre pendiente de créditos cuando no de devociones, en este caso de un Ministerio cuyo título dice muy claramente tener poco que ver con modestos empeños interiores.

EL ANTÍDOTO DE LO TRÁGICO

Dicen algunos que nacer en Madrid no es nada, que vivir en Madrid o de Madrid ya es algo, que morir en Madrid es como hacerlo en cualquier parte. Hasta hace relativamente poco tiempo Madrid crecía desmesuradamente. Hoy, día a día, se despuebla, sobre todo de jóvenes.

Clima, fauna, problemas laborales·transforman su perfil humano, y si un día se dijo que el aire de la ciudad hacía al hombre libre, bien podría decirse ahora que ese mismo aire le convierte en esclavo. Tal vez por ello, para alejar negros presagios y animar un poco el espíritu de sus habitantes, el municipio se ha decidido a abrirles su museo.

Instalado en el edificio conocido de todos como antiguo Hospicio de la Villa, su inauguración ha abierto una polémica inútil y doméstica. La Asociación de Defensa Ecológica y del Patrimonio Histórico-Artístico pretende nada menos que incoar expediente por el traslado hasta la nueva casa de unos cuadros del Prado en día de sol y anticiclón. Hoy que los lienzos viajan en avión, de continente en continente, cualquiera se preguntaría si los millones de la póliza del seguro serían capaces de resucitar a Velázquez, a Goya o Zurbarán para volver a rehacer sus obras en caso de accidente.

También afirma ADELPHA, cuyas siglas, por cierto, recuerdan el nombre de una famosa planta venenosa, que la elección resulta apresurada, aconsejando ordenar las colecciones en apartados históricos, artísticos o simplemente pintorescos, cada cual en recinto diferente.

Sólo es preciso responder que los madrileños sólo desean tener abierto su museo de una vez, pues todos saben que lo mejor es siempre enemigo de lo bueno incluso en los pequeños recodos de la Historia.

Así, este museo nuevo y viejo ha venido a ser réplica de otro más vivo y real, colección de proyectos frustrados y retrato fiel de una ciudad no demasiado conocida por un exceso de diatribas y celos.

A este Madrid desquiciado que conocemos hoy le sucede lo que a su río, que se inicia en un sueño de pastores para acabar en oscuros detritus. Como dice Ramón en su famosa letanía, «fue transigente, jovial, perdonador, tenerlo todo y nada, ni ocupación, ni provisión, capaz de transformar los monumentos en símbolos como la Puerta de Alcalá, esa especie de percha de cascos guerreros y corazas por donde enhebra su hilo de oro el alba».

Cantada o zaherida, villa de armas y letras fue creciendo en pretensiones desde antesala de la Corte al amparo de la improvisación que aún conocemos hoy; pero mal hecha y todo, más allá de las prisas y los medios, el siglo de oro pasa por ella y si se quiere asistir a su momento culminan-

33

te, no es preciso sino asomarse a *Las lanzas* de Velázquez.

Si en cambio se quiere sorprender a los Austria lejos de la etiqueta cortesana sólo será preciso acomodarse ante *Las meninas*, y quien sienta interés por contemplar el fin de un mundo y a la vez de un personaje, podrá enfrentarse con el retrato de Felipe IV.

Aquel galope de siglos derrotados no acabó con Madrid sin embargo, ni con los madrileños cada día más acostumbrados a trabajar sólo lo estrictamente necesario. Al compás de paces, ferias y tratados la villa fue perdiendo sus murallas primitivas y ampliando sus calles hasta alcanzar definitivo ensanche. Se alzaron los primeros teatros, la luz de gas iluminó sus noches y quedó convertida en definitiva capital de España gracias a los nuevos ferrocarriles. Los ricos se fueron a vivir a orillas de la Castellana, la clase media al barrio que les construyó el marqués de Salamanca y los obreros con la gente de a pie, al final de Alcalá o al Puente de Toledo. Por aquel tiempo, el pueblo de Madrid como España toda, dejó de ser mero espectador de los hechos históricos comenzando a manifestar su aprobación o enojo ante las puertas de la Casa de la Villa.

Lo que la apertura de la Gran Vía supuso lo explicó mejor que nadie Baroja. «Arrebató lo pintoresco —asegura— un pólipo ciudadano de burdeles, cafés, casas de citas, talleres de peinadoras con sus cabezas de cartón, ojos de cristal o pelo de mujer, tiendas oscuras en las que no se sabía lo que se vendía, peluquerías con globos de cristal en el escaparate llenos de sanguijuelas, consultorios de enfermedades secretas. Su aire de turbulencia, misterio y alegría sólo admitía parangón con la Puerta del Sol, con sus cafés abiertos día y noche, verdadero zoco popular del arte o la política.»

Luego, con la primera guerra mundial vinieron las primeras industrias. El centro de la villa, ya desplazado desde la Plaza Mayor, siguió, Montera arriba, hacia la Red de San Luis, camino de los hoy borrados bulevares.

Tras de la Dictadura, con la guerra civil, queda Madrid partido en dos mitades, a uno y otro lado del río, dentro y fuera del Clínico, rodeado de estampidos y disparos.

El día en que la ciudad se rinde comienzan esos días que Ignacio Aldecoa, vasco ganado por Madrid como tantos otros, describe en su eterna *Balada del río Manzanares*:

«De los campos cercanos llega un aire adelgazado, frío, triste. Los humos de las locomotoras, los humos de la cremación de las hojas secas, los humildes humos de las chabolas empañan la cristalina atardecida. La arboleda es un fluir flotante, neblinoso, verde. El Manzanares se tersa y opaca en una larga fibra mate.»

Este nuevo Madrid que se nos viene encima ¿a cuál de sus predecesores se asemejará? ¿Al de los Austria, grave y ceremonioso? ¿A aquel de los Borbones, ilustrado y violento a la postre? Este Madrid rompeolas de todas las españas como fue cantado un día, que dio cobijo a tantos en sus noches de exilio y en sus días de gloria, debería orientarse hacia su peculiaridad más evidente, esa que sirve de signo y guía a aquellos que de verdad lo conocieron.

Como Antonio Machado afirma, a fuerza de vivir en él tendemos a olvidar lo trágico y lo heroico. Lo borra esa jovialidad casi perdida de esta villa, «su apariencia frívola y desconcertante, esa gracia inasequible a los malos comediógrafos que todo lo achabacanan y que tan finamente han captado los buenos».

Lope de Vega, Ramón de la Cruz o Jacinto Benavente, en cambio, sí que supieron adivinar y aun llevar a sus obras esa gracia a que Machado se refiere, cuya degradación es el chiste y que supone esencialmente un anticipo del fracaso de lo ridículo y solemne o, por decirlo de otro modo: el antídoto de lo trágico.

EL JARDÍN DE LOS VAMPIROS

El que fue Real Jardín Botánico de Madrid anda en obras. Todo Madrid anduvo siempre, desde su fundación, ya se sabe, a medias iniciado y a medias concluido, más como campo de experimentación que como lugar de asentamiento definitivo. Hay en esta ciudad una tradición totalmente antifuncional y caprichosa, según la cual ningún nuevo edificio que se tenga en algo debe cumplir los fines para los que fue proyectado. Así tenemos una aduana convertida en Ministerio de Hacienda, un Ministerio de Agricultura que poco tuvo que ver con el campo en sus comienzos, una sala de conciertos que fue teatro de la ópera, y un Centro de Restauraciones en plena Ciudad Universitaria que, aún sin inaugurar, ya se disputan a la greña diversos organismos estatales.

Como en toda ciudad que se precie, también hubo un tiempo en que las estatuas danzaban, iban y venían por calles y plazas, hasta que otros problemas más acuciantes, no de estética precisamente, las obligaron a quedarse quietas, no se sabe si definitivamente. Quedaron, pues, tranquilos en sus pedestales los Chisperos y Quevedo, Lope y el mismo Goya frente a la escalinata del Museo del Prado, entre céspedes, jerónimos y autobuses, allí donde los turistas se retratan. Se diría que Goya descansa allí viendo la tropa juvenil y sudorosa, doctoral o bovina que sube o baja en busca de sus cuadros sobre todo. Se diría que, aparte de su cuerpo mortal en la ermita del río, que nadie visita, su espíritu está allí, entre los muros de ladrillo alzados, por cierto, para museo de Ciencias Naturales.

Pero al pintor le queda poco tiempo de asistir a la feria de sus incondicionales. Siempre ha habido como un empeño, no se sabe si hostil y subterráneo, en sacarlo de allí, justificado en cada envite con razones de espacio sobre todo. De igual modo se podrían enviar los cuadros de Velázquez al Salón de Reinos del vecino palacio de Felipe IV; pero no, a Velázquez no se le toca, es a Goya a quien ahora se le prepara cobijo fuera del Museo de España, en lo que fue Jardín Botánico, según reza un cartel cochambroso en lo que fueron invernaderos de la casa.

El lugar que durante siglos, sin apenas darse importancia, dio albergue tras de su sencilla portada neoclásica a más de treinta mil especies de árboles y plantas, aparece hoy invadido por camiones y volquetes, dividido en dos mitades, una a modo de jardín monumental, fría, dura y aséptica, jalonada por alguna copa solitaria, residuo de los restos del naufragio. De jardín olvidado pasó a jardín urbanizado, parcelado a la europea, cosa que se veía venir como se alcanza a ver en esas casas abandonadas adrede por sus dueños para alzar en sus solares, convertidos en almacén o vertedero, altas torres y famosos rascacielos.

La última historia de nuestro Jardín Botánico

podría servir de símbolo a otros tantos destinos desconocidos de la Villa. Alzado para estudio y caridad, ambos fines fueron, poco a poco, abandonados. Las especies etiquetadas con nombres latinos para recreo y enseñanza de los no iniciados fueron languideciendo al tiempo que modernos edificios iban naciendo sanos y robustos en la parte del bosque que linda por la Cuesta de Moyano.

La segunda razón de su existencia: socorrer al público con sus hierbas medicinales, sin hacer distinción de títulos o rangos, se fue haciendo a su vez, cada vez, menos generosa, hasta cesar definitivamente. La razón aducida fue el abuso. Muy grave abuso aquel de pedir más jalapa de la necesaria, más mejorana de la que el cuerpo pide, más ruibarbo del que el vientre solicita. Seguramente el día en que tal limosna se negó para siempre suspiraron aliviadas las rigurosas arcas municipales.

Tras abolir aquella tradición fue preciso acabar cuanto antes con otras dos estirpes poco gratas: los niños y los novios. Ya se sabe que los niños tienen poco respeto a los jardines. Suelen mirar con descaro a las estatuas, romper ramas de boj o de aligustre y remover con piedras la paz de los estanques. De modo que se echó a los niños o, por decirlo de otro modo, se les opuso la barrera acostumbrada de mozos y guardas, multas y expulsiones. Y una vez alejados, se procedió a barrer el amor de esquinas y glorietas. Fue una época ascética aquella por todo Madrid, con retirada de bancos públicos, a fin de que el amor muriera de cansancio en jardines hostiles y mustias alamedas. Fue un tiempo también de amenazas y denuncias contra la moral, de enamorados vejados, humillados por un ejército de arcángeles rurales con gorra de pana y chapa dorada, estaca en mano y carcomido corazón repleto de pasión frustrada. Fue un tiempo vergonzante, en suma, aquel en que cerraron definitivamente el parque.

El amor sobrevivió más allá de sus rejas, pero el jardín parecía condenado para siempre. Se diría, como en los viejos cuentos, que dormía a la espera de un príncipe capaz de arrancar a sus paseos del letargo, a sus estanques de su muerte, a sus tibios rincones de su habitual silencio. Y el príncipe llegó; llegó esa fábrica de sueños que algunos llaman cine, abriendo con su cetro dorado glorietas, invernaderos, cátedras, todo aquello cerrado a cal y canto al resto de los madrileños. En el parque que Carlos III creó para alivio de su cultura y de sus males comenzaron a rodarse películas. Los arcángeles dulcificaron su sonrisa. Su estaca se transformó en toda suerte de facilidades. No se filmaban asuntos culturales, sino filmes de vampiros. No la vida de Celestino Mutis, sino *La furia del hombre lobo*. Fascinante espectáculo debió ser contemplar al famoso licántropo aullar tras de doncellas virginales entre *Celtis Australis* y *Pulownias tomentosas*, ver afilar al conde Drácula su colmillo inquietante en la estatua del insigne Cabanilles o acechar a la baronesa Bathory adormecida en su lecho de *Corpinus Orientalis*. Verlos salir, ya tarde, bajo los cielos rojos de Madrid, señorear su noche, preparar sus banquetes a la luz de la luna, prohibir, amedrentar, acallar voces, derribar muros nobles, atormentar conciencias, inventar nuevos impuestos municipales.

40

Mas también para ellos la hora fatal sonó, borrándolos la moda, no del mundo de los vivos, sino del mundo de los muertos, condenándolos a un retiro definitivo. Desde entonces andan errantes por la Villa y a ellos se debe, según algunos, que cada día resulten sus noches más hostiles e inseguras. En cierto modo, es justa su venganza. Se les debió habilitar un palacio en el zoo, una mansión en ruinas donde asomarse y amenazar de nuevo a este país ya tan amenazado de por sí, desde donde asustarle con nuevas muertes y desastres. Hemos sido injustos con estos vampiros nuestros, toscos, necios y altivos, pero nuestros al fin. Pero aún es tiempo de remediarlo. En ese nuevo museo de Goya que, al parecer, quiere alzarse en el Jardín Botánico, cerca de los retratos de nuestros ilustrados, deberían colocarse dos o tres buenos aquelarres. Así aquellos que entienden o aquellos que adivinan sabrán comprender la distancia que media entre los españoles con señas de identidad reconocida y aquellos otros a los que Goya, por miedo, por piedad o por desdén, disfrazó de fantasmas, aun conociendo sus obras, sus ritos y sus nombres.

LAS TORRES DE MADRID

Por mucho hormigón que amontone Madrid en sus cada vez más sucias calles, nunca será llamado, como Madrigal, el de las altas torres. En realidad ni son tan altas ni defienden nada, salvo intereses particulares, nada dominan, salvo su propia vanidad, nada las justifica en un paisaje llano y abierto como la palma de la mano. Nacidas a su antojo al final de la guerra, ansiosas de ganar un cielo limpio, aún, comenzaron su guerra particular de intereses y asaltos sobre el ajedrez urbano, apenas rescatado de sus propias cenizas, para seguir vertiginosamente la zaraband arquitectónica que sembró años atrás de archivoltas y cúpulas el carnaval de la Gran Vía. El muestrario barroco y delirante que aún se conserva en ella entre sedimentos de polvo y residuos de anuncios luminosos solicitaba con premura digno remate en la plaza de España, donde Cervantes ya entonces meditaba bien lejos de su cuna y casa acerca de los desastres de esta nueva guerra particular, en tanto los ayuntamientos se sucedían autorizando nuevos desmanes entre el cielo y la tierra. Y no sólo en Madrid. Lejos o cerca de la capital, toda España pugnaba por tener su torre aun a costa de posibles sinsabores, convirtiendo en rascacielos ridículos barrios en otro tiempo residenciales o populares. Se vendieron solares, cayeron por tierra edificios nobles como quien se deshace de un pasado enojoso, y alguien pensó si no sería lo mejor empujar a los sumisos peatones hacia los arrabales en *reservas* donde crecer, multiplicarse y venir a Madrid a trabajar. Los vecinos callaban, como era de rigor entonces, y el centro fue cambiando, dominando su cielo hasta dejarlo enteramente gris, tan sucio y apagado que, de resucitar, no lo hubiera reconocido ni Velázquez. En torno de la villa dos barrios paralelos y concéntricos, nunca fundidos, se perfilaron poco a poco: las residencias del aire puro aun entre bosques y pinos, recios guardianes ojo avizor y barreras de colores más allá de las cuales ya empiezan a cavarse refugios nucleares y los otros refugios de servicios escasos y modernos adobes a ras de tierra, habitados principalmente por los nuevos y viejos emigrantes. La ciudad, como tantas a lo largo y lo ancho de Europa, rindió tributo a un destino no elegido ni aceptado, vaciándose los domingos en parte para tornarse de nuevo apretada en días laborables; las torres fueron marcando el paso de sus días hasta llegar a la famosa Valencia, que echó por tierra la penúltima perspectiva urbana de Madrid, desdeñando a la villa, haciendo oídos sordos al coro de voces a través de las cuales una prensa ya distinta entonces intentaba salvar el perfil de la puerta, alzado en el camino de Alcalá por Carlos III.

Fue inútil. Ante hechos arquitectónicos tales no hay poder en España capaz de enmendar lo que se puso en marcha, aunque carezca de sentido. Es inútil añadir, porque a la vista está, que la torre en cuestión se concluyó, vendió y se habita, y no parece que, en definitiva, a nadie importe demasiado su presencia, a juzgar por el serial urbano que cada año nos anuncia la entrega puntual de otras tantas similares.

Cualquiera diría que se renuevan por aquí las contiendas de las antiguas catedrales por tener el más alto campanario, o las de Cáceres, donde cada familia, en guerra abierta con las otras, necesitaba ser reconocida por su bastión, con mástil en lo alto, o las de San Gimignano, diezmada por una peste, no se sabe si atípica o no, o la de Eiffel, *mecano* inmenso de un constructor de máquinas. A fin de cuentas, se dirá, vecinas a ellas se alzan ahora un buen manojo de otras que un día pasarán del centenar. No es cuestión de alarmarse si la moda llega desde el meollo de una Europa comunitaria y racional. Sin embargo, a nadie en esa misma Europa se le ocurrió alzar ninguna tras el Arco del Triunfo o cruzar los campos Elíseos con pasarelas de quita y pon destinadas a la publicidad y a dar facilidades para cantar los goles, de los mundiales de fútbol.

Aquí, en la capital donde cada uno puede plantar su estatua con tal de asegurar que la regala a unos vecinos que nunca la pidieron y que tampoco aceptan, sólo quedaba en cuestión de perspectivas el paseo de la Castellana, con su estilo concreto en un puñado de palacios sin demasiadas pretensiones. El Madrid de su tiempo los alzó y quiso así. No eran gran cosa como no lo serán, a poco que pasen los años, los que hoy se levantan, pero estaban allí antes de que acabaran con ellos estructuras nórdicas, campos de césped anglosajón siempre a punto de perecer por falta de agua, sirenas varadas y monumentos megalíticos que tratan de evocar la aventura de América. En sus predecesores, los madrileños reconocían la imagen de Colón o los momentos importantes de su vida y su gesta; eran recuerdos si se quiere modestos, quizá no tanto cuando ha sido preciso respetarlo en el desierto de piedra que los rodea ahora, mas, modestos y todo, representaban el perfil y el sentir de una villa antes de convertirse en laberinto aldeano de los modos actuales de construir. Un afán de novedad propio de nuevos ricos, ha ido borrando palacios y jardines con la promesa de volver a plantar los árboles cortados, que al final se convirtieron en manufacturas más o menos copiadas de Henry Moore, algunas tan cercanas de los nuevos muros que, de llegar a crecer, sería preciso podarlas con soplete y cincel. La Castellana como paseo ya no existe, seguramente porque una villa, cuando deja de serlo, no los necesita, no puede detenerse a ver pasar el tiempo, que, como se sabe, en cuestión de negocios, nunca vuelve. Sí torna, en cambio, el furor de las torres otra vez a la carga, a pesar de los cambios y las crisis. Nadie es capaz de detenerlas; incluso se trabaja en ellas día y noche, como temiendo que una ordenanza impida su remate, perdiendo la ocasión de batir en altura a las del resto del país.

Mas son inútiles tales temores. Llegarán a su final y otras vendrán tras ellas sin que ninguna voz oficial o particular se levante en su contra. Y es que el ciego urbanismo de esta ciudad, alzada, como Troya, sobre los escombros de nueve anteriores, recuerda aquel lamento atribuido a un presidente del otro lado del Atlántico. ¡Pobre Madrid —se podría decir—, tan lejos del país y tan cerca de las multinacionales!

LAS CALLES VACÍAS

De las novedades que más llamaban la atención de los viajeros antaño a su paso por nuestra Península, era la costumbre española de vivir gran parte de sus horas en la calle. Es de sobra conocida la anécdota de aquel que se empeñó en ver vacía a la Puerta del Sol, famosa, más que por ser el centro vial de la España peninsular, por esa puerta que no existe, lo que no impide a los recién llegados preguntar siempre por ella. Como tampoco nadie ignora, aquel curioso coleccionista de soledades no logró su propósito, pues por los días de su espera tenaz los naturales de la villa y foráneos solían darse cita en ella y otras menos famosas para tomar el sol al que alude la primera, charlar con los amigos o resolver sus negocios en el ajetreado trajinar de la villa. Jardines, fuentes y plazas veían animarse así, al filo de sus horas, la piedra carcomida de sus bancos. De invierno a primavera, desde verano a Navidad, servían no sólo de escaparates o muestra para los peatones, sino también de coso donde cada ciclo anual celebraba sus festividades, su trabajo o sus ocios a lo largo de un complicado periplo cumplido en la labor y en las fiestas de santos.

La calle fue siempre de por sí un espectáculo.

Apenas se concebía un edificio, sobre todo una casa de vecinos, sin sus hileras de balcones desde los que contemplar verbenas, procesiones o desfiles, y cuando el arquitecto hallaba un dueño generoso, nunca se prescindía de una buena fachada adornada de sus correspondientes miradores. Uno de los estilos más fieles y a la vez más clásicos llegó a ser el de ladrillo visto y cristales enmarcados cubriendo la humilde trama de madera que, aún hoy, asoma a la hora de las reformas entre vigas y derribos.

Cuando tal operación se lleva a cabo y algún tabique viene a tierra, suele quedar al aire el interior mostrando sus vergüenzas, algún cuadro todavía más colgado sobre el papel descolorido o sucio, bajo los cables de la luz, mirando al exterior lejos de las paredes principales. Pues, poco a poco, calles y casas han ido rompiendo el pacto que, mal que bien, les ligaba desde tiempo atrás, unas perdiendo su tradicional condición de espectáculo; las otras, su elemental curiosidad al no haber desfiles que contemplar, imágenes ante las que suplicar, verbenas con las que solazarse.

Así, paulatinamente, fueron cerrándose en lo alto las sólidas galerías de cristales, a pesar de que abajo resistían los más humildes callejones. Los defendía su razón postrera: servir, si no de paso, al menos de lugar de tertulia donde prolongar, ante todo, los veranos. Las calles se transformaron en función de sí mismas, en protagonistas y público a la vez, en último refugio de la sabiduría popular, en rincón perdido de buena convivencia.

Hasta que cierto día el buen humor se extinguió, el espectáculo cesó con un viento de revancha y violencia. Como en tantas otras ciudades, la calle fue encerrándose en sí misma, en sus nuevas y particulares prisiones, tras las rejas que poco a poco comenzaron a defender sus ventanas y puertas.

Hoy, tal violencia, si no lejos del todo, al menos no parece prosperar y, sin embargo, la gente permanece en casa. A las razones tradicionales de tal elección es preciso añadir los`hábitos adquiridos en un tiempo de libertad vigilada. Acostumbrados a recibir información o espectáculo a domicilio, es difícil volver a recorrer viejos caminos por los que antaño se acudía al reclamo de novedades que hoy se nos sirven a través de nuestras pequeñas pantallas. El cine o, por mejor decirlo, la imagen ya ha cumplido el suyo, de vuelta desde los barracones donde un día nació hasta los hogares de una nueva clase media en todo, incluso en necesidades culturales. Así, entre la costumbre y tanta nueva facilidad, las avenidas van quedando desiertas en cuanto apuntan las primeras horas de la noche. Nuevos y más simples mensajes sustituyen al escenario, al libro, a la pantalla grande en ciudades donde, tras de ventanas entornadas, parpadea en su destello azul una recién nacida capacidad del hombre para matar el ocio, ajeno al mundo real, frente a otro mundo alzado a su medida, en el que, más que vivir, aprende a vegetar.

DOMINGOS SUCIOS

A Madrid no le defiende ya su lienzo de murallas guarnecido de torres; a la antigua capital de España le rodea desde hace relativamente poco tiempo, un cinturón de basura, consecuencia de dos inventos fundamentales nacidos en los últimos siglos: el plástico y el automóvil. Los caminos que salen de ella uniéndola a sus municipios, en los que siempre se miró a escala menor, aparecen invadidos por una sucia trinchera translúcida que ni el sol quema ni la lluvia deshace. La nueva cultura nacida del petróleo llena cunetas y vaguadas como venida de otro mundo, dispuesta a eternizarse, ajena a todo cuando vive o muere en torno, incrementada cada domingo por nuevos vertidos más o menos domésticos, crecida a lo largo de la semana por las entregas continuas de una industria en auge.

Las cercanías de Madrid siempre fueron, sobre todo en sus puertas y entradas, depósitos de escombros, como en tantas ciudades. Llegar hasta el centro de la villa suponía repetir el paso hacia otros interiores urbanos, acostumbrarse a contemplar sombríos callejones de barracas donde el cartón y el cinc, arrancados cualquiera sabe dónde, daban techo y cobijo a un eterno vagar de chicos y grandes. La basura estaba allí fingiendo vagos alcores coronados de humo plácido, mirando a la ciudad madre común de todos como antes lo fuera de bosques, alamedas y sembrados. De los campos que la rodeaban hace apenas un siglo, desechos de obras —escayola, yeso y cañas— borraron olivares muertos, cerraron ventas en cruces de caminos y cobijos de canto donde encerrar a la noche los ganados. De toda una cultura humilde, pero alzada a la medida de sus propios intereses y desde la entraña viva de sus pueblos sólo llegó a salvarse lo de siempre: los muros de alguna ermita, mojones solitarios avisando el paso de caminos reales, fachadas ilustres y ventanas vacías, desnudas de cristales, dejando ver un sol pastoso a la caída de la tarde. Hoy todo ese archipiélago de perdidos despojos, empujado cada día más lejos de la capital, rechazado se diría como un cuerpo propio que es preciso extirpar, va quedando a su vez borrado, sepultado por el plástico que en los días festivos invade surcos y ríos para quedar después abandonado sobre el campo. Cualquier camino que se mire, cualquier entrada, puente, zona verde o parque aparecen envueltos, limitados, cercados por cordilleras transparentes, producto y a la vez testigo de un tiempo en el que los desechos se acumulan por cualquier lugar, abandonados a su suerte. Nacidos allí mismo, al pie del automóvil o traídos desde el centro hasta los arrabales convertidos en sedimento inútil, ni siquiera servirán, como antaño sus predecesores, para dar nueva vida a la tierra. Basura siempre hubo dentro y fuera de Madrid, aunque no tanta como en otras capitales. No en balde su suciedad acabó siendo proverbial, si hacemos caso de los viajeros que nos visitaron. Ahora que viene amenazando un año de acontecimientos internacionales es útil recordar sus comentarios, en los que todos se hacen lenguas del amplio trazado de sus calles para pasar seguidamente a fustigar su suciedad, que no parece preocupar demasiado a los responsables municipales. Litigios, duelos y altercados por culpa de inmundicias arrojadas a la calle tienen lugar a toda hora; un aire pestilente, que algunos juzgan por ello más sano, sopla por todos los rincones, alzando turbias tolvaneras, toses espesas y eternos llantos de ojos irritados. Cuando, al cabo de los años, la endeble autoridad dicta por fin las primeras ordenanzas higiénicas, los madrileños, mal acostumbrados, poco habituados a obedecer, ni siquiera escuchan, siguen lanzando su basura a la calle como si multas y amenazas ni siquiera de cerca les rozaran.

Tal sucede con este nuevo cinturón que rodea a Madrid, que año tras año y vacación tras vacación se amplía, envolviendo a la provincia entera en su nueva muralla por culpa de los que no saben, no quieren saber o simplemente no fueron enseñados. Es inútil intentar educar en lo particular y concreto sin partir de lo general, sin una visión clara y total, capaz de ser entendida y respetada ante todo por sus beneficiarios. Como en tiempos de los Austria, es difícil hacer comprender a una clase social orgullosa de su capitalidad, asentada en su nuevo solar de altas torres e intereses mezquinos, que la fachada de su villa no acaba en los desmontes vecinos ni en los barrios aún por urbanizar, que su calle, su casa y su misma salud comienzan más allá de autopistas y rascacielos modestos, que abarca a la provincia entera con sus secos arroyos y ese mar caótico, sucio, blando y eterno que cada tarde crece otro poco más por la desidia de quienes lo abandonan tras un día de vivirlo o gozarlo.

CARNAVAL SIN ANTIFAZ

Ahora que andamos en plena recuperación de patrimonios, fiestas y aniversarios, le ha llegado el turno al Carnaval. Hoy, que hasta las procesiones languidecen, tratan de resucitarlo, sin antifaces ni caretas, rostros al aire, con especial cuidado policial; algo así como el quiero y no puedo de otros más vivos, desaforados y anónimos. Más que a la tradición se apunta a desfiles y cortejos en los que el público, atento a luminarias, serpentinas y globos, se contente acechando de lejos la inaccesible belleza de la carne. Inventarse un disfraz, mudar de aspecto, no de rostro, tiene más de concurso que de fiesta, más de escenografía que de juego o pasión siempre más respetables. El arte de vestir o transformarse siquiera sea sólo un día, cambiando el propio yo en lo que acaso quisimos ser, más allá de lo que fingimos o añoramos, fue tentación eterna del hombre y hasta los más puritanos gobernantes fomentaron los bailes de máscaras a pesar de que alguno considerara inmoral toda clase de danza.

Hay un cuadro de Paret en el museo del Prado donde músicos, máscaras, dominós, arlequines, turcos barbudos y veladas hetairas parecen detenidos a la espera del fotógrafo oficial, dispuestos a reanudar el baile, una vez disparado el relámpago fugaz de su máquina imposible que nunca llegará.

Seguramente la pasión por disfrazarse era más viva entonces en las capitales que en el campo, por aquello de que la ciudad hace al hombre más vivo y menos sano. El caso es que mientras allá en los pueblos los jóvenes danzaban al son de espadas o bastones, ante santos de palo sin llegarse a tocar las manos siquiera, acá, en las capitales, en círculos, teatros o casas particulares, se seguían los compases de la moda en boga, aun a riesgo de desatar las furias cuando no los dardos inquisitoriales. La cosa llegó a tanto que en pleno siglo XVIII fueron prohibidos todos aquellos que, con pretexto del Carnaval, ofendían la Divina Majestad.

Mas sucedió como en el caso de los toros: ya un nuevo tiempo llamaba a la puerta; otros protagonistas despertaban y fue preciso tenerles en cuenta. Así, nada menos que el conde de Aranda introdujo los bailes públicos de máscaras con tal éxito a pesar de su costoso precio, que más de tres mil personas asistían a ellos cada noche, quizás porque en tiempos de crisis, la gente siente el azogue de la carne, cuando no el frenesí de lo superfluo. Tal frenesí no tardó en alcanzar a otras clases sociales en una mezcla de agrio afán de olvidar, romper las cárceles del alma y dar suelta al cuerpo siquiera a lo largo de una sola noche.

A un tiempo lejos y cerca de Paret, sin un protagonista único pero con perspectiva diferente, blancas mujeres, torvos diablos, viejos borrachos y niños sorprendidos, bailan años más tarde de la mano de Goya en el *Entierro de la Sardina*, bajo un rostro entre cómplice y sarcástico. Lo que ya por entonces representaba el Carnaval, un modo de sentir la libertad, cada cual a su modo, según su propio gusto o fantasía, murió a manos de Fernando VII, quizás temeroso de reconocer a aquellos que tras haberle deseado tanto le odiaron a la postre, convertido en verdugo cotidiano. La nueva etapa constitucional volvió a resucitarlo y mal que bien, aguantó hasta el treinta y seis. Las batallas de flores acabaron un día en guerra de trincheras como aquellas escenas que Solana fijó cargadas de capeas y negras procesiones.

Hoy se quiere volver a alzar todo ello en esa especie de búsqueda de un tiempo perdido donde cabe todo: máscaras, santos y corridas, pero en Madrid, los tenderos de la Plaza Mayor no quieren al Carnaval bajo sus soportales. Les basta al parecer con el que cada verano montan flamencos y turistas que comen, beben y compran postales. El Carnaval deberá asomarse al balcón de las Vistillas hasta el que no llega ya la brisa de un río propicio para encuentros galantes. El horizonte es una gran meseta de tejados que inunda las viejas tapias de la Casa de Campo. Se borraron las fiestas y las músicas, los bailes y meriendas, las noches de fantasmas rotos, animadas por murgas y panderos. Goya duerme su sueño sin cabeza a la espera de un falso rostro capaz de devolverle al mundo de los vivos. Cayetana, sin pies, se estremece y suspira, escuchando los lejanos rumores de la fiesta. Aun coja y todo, de buena gana acudiría pero el tiempo que no perdona le impide alzarse sin antifaz del polvo. Ni ella ni el Carnaval serán capaces de resucitar lo que yace enterrado bajo los ojos de la moral y el orden.

LA CAPITAL DEL MUNDO

La capital del mundo llamó Hemingway a Madrid en uno de sus cuentos taurinos. La capital del mundo era para el protagonista de su historia, cuyo afán de triunfar en Las Ventas acabó, si no recuerdo mal, frente al Palace Hotel, en la punta de dos cuchillos afilados que simulaban una testuz de toro. Aquella res doméstica, sin afeitar aún, y otros hermanos de colores sonados alzaban en la capital, en hogares, hoteles y pensiones, la fiesta de un hombre tan pacífico y santo, que, en vez de lidiar toros, trabajaba con bueyes las tierras del amo.

Cada año subía por los senderos de la villa, dejando a un lado su vara de zahorí y, como un isidro más, perfil y espejo de milagros, venía a acomodarse en su andanada de sol, dispuesto a olvidar surcos y fuentes. Pastor de nubes y regidor de estrellas, es lógico que buscara su lugar apropiado quien tanto tiempo estuvo sometido a su rigor, ahora que aquella historia de ángeles esquiroles capaces de romper convenios celestiales la conocían de memoria los aficionados, como el sendero que habría de llevarle a la gloria nada menos que del brazo de Teresa de Cepeda y Ahumada.

Ya en pleno siglo XVII fue beatificado, honrado con una serie de festejos populares multiplicados dos años más tarde cuando, canonizado, pasó, si no a la historia grande, al menos a la chica del pueblo de Madrid, que agradecido como siempre, le colmó de agasajos. Se alzaron fuegos de artificio, luces y hasta comedias al aire libre, le cantaron Calderón y Lope, hasta que, un día, Carlos III se llevó su arca de plata bajo los cielos cerrados de la actual catedral de Madrid.

De todo aquel afán viajero y bullicioso, de verbenas, botijos rojos y olor a aceite sin peligro aún, fueron quedando sólo las corridas de toros, una semana alegre o trágica, una oportunidad de mudar o medrar. En ella recibían su confirmación o los óleos postreros multitud de debutantes; hacia ella dirigían sus pasos un apretado alud de aficionados, tras dejar en el Monte de Piedad sus lustrosos colchones. No se sabe si sería cierto o no, si tal rito pintoresco y sombrío fue alguna vez verdad, pero, usado con malicia y eficacia, ha llegado hasta hoy como prenda irredenta de nuestro peculiar folklore.

Vendedores o no, despiertos o dormidos, los isidros de a pie o en coche todo rueda y motor, igual que las calesas de antaño, rompían marcha desde primeras horas de la tarde rumbo a su duro asiento en la plaza, envueltos en un tráfico denso y abigarrado, ante el bauprés extendido de un buen cigarro habano. Entre el rumor de motores y bocinas, a veces se estiraban como reptiles relucientes los últimos modelos sacados a la luz por la industria extranjera, nombres que ya eran de por sí dinastías, diseños que hoy cuentan sus días en museos, junto a algún que otro ingenio de condición más modesta. Aquel ruidoso vendaval de neumáticos blancos y gemelos dorados recién venido desde los cuatro puntos cardinales se daba cita allí, ante el coso a la salida del patio de caballos, esperando su ración de muerte, el olor espeso de la sangre, la carne muerta, arrastrada por un tibio rumor de cascabeles.

Y junto a los llamados a morir, luchar o presenciar la gloria, más allá del valor del espontáneo, hincado de rodillas en demanda de gracia, tras su par de apresurados revolcones, se hallaban otros para los que San Isidro era una puerta sólo a medias cerrada en el año taurino que comenzaba entonces. Todos guardaban en el armario de la alcoba su traje de luces, listo y zurcido como un uniforme, como dispuestos a marchar a la guerra apenas los clarines de la plaza sonaran; todos tenían su baúl de recortes junto a la cama: triunfos mediocres en provincias, corridas nocturnas, novilladas benéficas, modestos éxitos con su nombre y foto. Todos sabían que la temporada había comenzado mucho tiempo atrás y, sin embargo, buscaban aún esa oportunidad que les hiciera vivir del toro hasta el próximo invierno. Cada cual con su oficio para matar el hambre, lejos de luces y corrales, de hoteles de moda y pensiones respetables, prolongaban sus sueños y sus noches junto al traje bordado que un mal día acabarían por vender, sobre el montón de amarillos recortes, cerro de su ilusión junto a la funda de su almohada.

Algún día, en vísperas de un San Isidro más, la chaquetilla azul cargada de alamares iría a parar a otras manos o al Rastro, puede que aprovechando el viaje de su dueño rumbo a una gloria de cipreses, al amparo de la ermita que dio nombre al primer cementerio de la villa. Pues aquellos lidiadores frustrados nunca morían como los escritores quieren: convertidos en camareros, limpiabotas o botones de hotel. La fiesta, en cambio, sí continuaba, fiel a su horario, tan puntual como empezara un día: para algunos, como Hemingway y sus amigos, en un eterno viaje; para los elegidos, por la puerta grande, y para los demás, a medias entre el trabajo y la esperanza, soñando con dejar a un lado bueyes y ángeles, subir a los altares como Belmonte o Cúchares y, desde allí, mirar al mundo con ese gesto de desdén capaz de revelar un envite ganado a la vida por encima del valor, de la afición o el hambre.

EL CAMPO DE LAS CALAVERAS

Era un campo de reducidas dimensiones, del color de los huesos al sol, mezclado con ladrillos viejos que a lo largo de túneles y galerías, asomaba sus lomos pardos en sucesivos escalones. Calaveras no había. Nunca las tuvo sino en el recuerdo, en el mirar solemne de algún viejo insólito que contemplaba los partidos más por el gusto de tomar el sol que por pura afición, siempre provisto de un periódico con que salvar los fondillos de sus pantalones del polvo secular, de la humedad y el frío.

Del campo nada queda. Su público fantasmal y ramoniano quién sabe dónde andará, a qué encuentros asistirá en algún limbo lejano, con qué voces de ultratumba discutirá los errores o aciertos de los jugadores.

El campo era pequeño pero tenía las justas proporciones. Liso, llano, defendido del exterior por tapiales semiderruidos, llegó a convertirse en lugar de cita de adolescentes y muchachos, de colegiales o simplemente aficionados que en él disputaban sus encuentros en los días de fiesta.

Como ejércitos revolucionarios, cada bando o equipo se vestía según su gusto y posibilidades. Pantalón, camiseta, espinilleras, botas o los simples zapatos cotidianos servían para uniformar a aquella abigarrada tropa dispuesta a enfrentarse tras el sorteo previo repleto de amenazas y disputas

Ese público al que nunca llegamos a conocer dio nombre a este recinto singular, residuo de un Madrid pueblo todavía. Las gradas ante las que Ramón hubiera posado para portada de alguno de sus mejores libros, se hallaban horadadas por oscuras hileras de vacíos nichos que extendían sus negras bocas no demasiado amenazadoras sino desocupadas, abiertas a cualquier inquilino de una ciudad en la que hallar una vivienda resultaba ya casi un lujo demasiado caro.

Desde aquellas interminables cuevas de ladrillo seguramente los muertos nos silbaban, aplaudían algún tosco regate, algún pase medido, lejos de complicados sistemas defensivos. De todos modos nunca llegamos a conocer a aquellos hinchas invisibles, a aquel público del más allá, pues el campo en cuestión, el que nosotros llegamos a conocer y utilizar, ya no cumplía sus primitivas funciones. Los muertos se los llevaron mucho antes; tan sólo quedó de ellos su sombra dolorosa y el recuerdo vago de sus nombres. Así jugábamos sin demasiada aprensión, salvo cuando un despeje impetuoso o un pase mal medido metía el balón por alguno de aquellos túneles angostos y el culpable debía rescatarlo. Aunque según parece, el paso del otro mundo a éste siempre resulte problemático, era imposible no sentir en el trance la oscura sensación de unas manos intentando arrastrarnos al interior. Volver a la luz, a tientas, en la penumbra con olor a musgo y secos crisantemos, llegaba a ser una experiencia emocionante de la que se salía a un tiempo honrado y satisfecho.

Y como todo en la vida tiene su final, aquel pequeño recinto deportivo murió si es que tal cosa puede afirmarse de un hogar de muertos, fue borrado por el nuevo Madrid que empujaba cimientos y jardines, almas en pena y corazones vivos, más allá de la castiza glorieta de Quevedo. Se acabaron los partidos de día y el paseo a la tarde de los viejos. No fue preciso quitar lápidas ni cruces. No se alzaban allí pretenciosos panteones con los que perpetuar absurdas vanidades, a la sombra de cipreses solemnes. Por no tener no tuvo ni siquiera guardas. Fue un coliseo mesocrático sin servicio de flores ni advertencias sobre lo efímero de la vida grabadas en el arco de la puerta. Vino a ser algo así como un campo de deportes popular y· fantástico en el que se practicaba el único al alcance de un barrio que paulatinamente cambiaba de perfil y piel en busca de un mayor nivel económico. En un Madrid lejos aún de Mundiales todopoderosos, con las primeras luces de la noche, volvíamos a casa arrastrando la modesta emoción de la tarde, cansados, cara a una nueva semana que con la noche del domingo entreabría sus puertas amenazadoras. Nuestro campo de hazañas deportivas iba quedando atrás, no pobre corral de muertos, que diría Unamuno, sino, por paradoja, rincón de vivos en un Madrid hostil, a lo largo de sus nichos misteriosos, generosos y amigos.

VILLAS, PUEBLOS Y CIUDADES

EL ETERNO DESENGAÑO

Partido en dos por carretera y río, el pueblo despierta con un clarín lejano que viene amenazando cuando ya el sol enciende las cumbres de avellanos. No es toque de guerra sino llamada mercantil, aviso trashumante abriéndose paso a través de muchos otros pueblos dormidos. Pronto aparecen los vecinos, cada cual con su bidón de leche que va a parar al camión, entre vagos saludos y tibias despedidas. Cuando se va, vuelve el silencio bajo el sol, el río crece y hace crecer sus caminos sombríos de la noche, en tanto alguna que otra columna de humo espeso y blanco, va a perderse en el cielo trasparente.

En tiempos del *Madoz*, este pueblo tenía, aparte de los pastos donde aún llegan rebaños ajenos y lejanos, cereales, legumbres, fruta y cáñano, además de un concejo que, a toque de campana, regía sus destinos según reglas de un código elemental basado sobre todo en el vino. Todo delito venial o grave contra la propiedad se castigaba con azumbres mediados o cuartillos. También contaban sus vecinos entonces con maestro rural y un cura con sotana y pantalones.

La Historia poco dice de su tiempo, salvo lo que se ve, lo que cualquiera adivina a lo largo del camino que lo cruza asfaltado ahora, corregido, aumentado en sus curvas mayores, moderno en lo que sirve, antiguo en lo que roza. El camino, la carretera actual, sigue en gran parte el paso de una vieja calzada romana y un puñado de puentes, unos en uso todavía, otros sobre cauces secos de gente y agua, pura decoración, anclados en vegas solitarias ahora.

La historia de este pueblo, como la de tantos otros, consiste en una muda teoría de escudos y nombres que aluden a apellidos actuales. También hay, por supuesto, tradiciones pero pronto se agotan en lugares comunes. El viento de la guerra civil, como en tantos lugares, barrió gentes y bienestar en uno y otro bando, quemó aperos y establos, apagó tempestades y de todo aquel grave sobresalto, sólo mudó la techumbre de las casas que pasó de la paja a la pizarra.

Con la guerra, la gente descubrió, más allá de los montes, otro universo nuevo, menos ceñido al discurrir del río, al canto de los grajos y al compás de las horas que marcaban la sombra de las ruinas. Tras los padres, los hijos se marcharon; las mujeres primero, igual que en los naufragios; solamente volvieron, tenaces como siempre, los pastores, pregonando el principio del verano.

Sube también los domingos, gente de paso con su comida y casa a cuestas, sufridos pescadores y montañeros temerosos junto a antiguos vecinos en busca de los lejanos días de su infancia. Los hijos que arrastran consigo miran y tocan puertas y ventanas, vagan sobre los prados sin segar y se entretienen mal que bien, lanzando piedras al río, poco dispuestos a meterse en el agua.

Pero vacío y todo, hogar de cuatro casas, solar altivo donde, medio siglo atrás, se apretaba un montón de familias, nadie quiere vender. Al menos eso dicen mientras guardan sus piedras verdes de ortigas, negras de retamas. Cada cual asegura que piensa edificar en tanto talan sus mejores álamos con el permiso del guarda forestal. Sólo es cuestión de enviar una instancia y uno tras otro van cayendo a la vera del río, humilladas sus altivas coronas.

Árboles, río, escuela, poco importan. Sólo cuenta esa enorme lechera de latón que sobre cuatro ruedas mide el curso de sus días en estos pueblos donde sólo el idioma permanece ajeno a los estragos de la prensa diaria y la televisión.

Cada cual espera retirarse un día, cuando toda aquella piedra labrada y caída se convierta de pronto en un tesoro de moros como aquellos que hasta hace poco aún se buscaban por las sierras fronteras. Apenas el sol se oculta, la grey dominical desaparece. Es inútil que la televisión cante a la noche la carestía de la vida, el mal aire de las grandes ciudades, el agua emponzoñada de las villas. A fin de cuentas, allí mismo, a pocos pasos, los detritus de la suya, recién metida en casa, en retrete y cocina, van a derramarse directamente al río y el furgón donde llegan puntualmente frutas, verduras y hasta calamares, deja tras sí un hedor inconfundible. No hay concejo que administre el dinero de los pastos y los niños viven y estudian en la capital una vida a medias entre la educación y el claustro. Cuando llegan las deseadas vacaciones, su tiempo se les va en descubrir un río que apenas conocen y los tocones que tras sí dejaron las muertes de los árboles. Convertidos en alevines de pastores, vacas y bueyes han venido a convertirse para ellos en animales sagrados, como en la misma India, capaces de regir su devoción como la economía de sus padres. Un nuevo estado social ha transformado la vida de estos valles, nacido de entre sus duras patas, de entre sus tiernas ubres. El dinero se atesora en los bancos en tanto los muros del río se caen, el techo de la iglesia se derrumba y el dinero de la comunidad languidece en cuentas corrientes misteriosas y remotas. Nada se toca ni repara, nadie lee, sólo suma, resta, multiplica; la vida dura más, es cierto y cada cual se compra un automóvil.

Y sin embargo, cuando la luz se borra de los montes, los nuevos destellos que se encienden en las modernas farolas sólo alumbran un camino desierto y un río que, poco a poco, va comiéndose tierras yermas y negros abedules.

Dice Jacobo Wasserman que el destino de un pueblo es como el destino de un hombre: su carácter es su destino. ¿Cuál será el carácter de estos pueblos? ¿Un desengaño eterno? ¿Un medrar por medrar ajeno a tanto escudo y lápida? Allá en sus casas más confortables que antes, cada vecino duerme, ordeña o calcula. Alguno duerme satisfecho su jubilación reciente. Nadie sueña con fiestas, bodas o velaciones; tan sólo los entierros se respetan fielmente. Mientras la luna sigue su camino sobre brasas de montes incendiados no se sabe por qué ni por quiénes, el río convertido en letrina corre bajo los puentes que a nadie importan ya, salvo para abreviar el camino de las reses.

LA COMUNA

Desde el aire los pueblos se distinguen como rojos montones de teja y grava arrastrada, allá en la primavera, por el agua. Los caminos suben desde los valles hasta penumbras que cubren grises taludes roídos por el viento. Todo ello: ríos que se adivinan por la mancha que en sus orillas dejan juncos y zarzas, cerros maltrechos en sus cimas, vaguadas donde sale a la luz la veta viva de la tierra, va quedando en el alma de la máquina que desde el cielo los fotografía.

La empresa de Madrid cuando surgen encargos industriales suele sacar tiempo y provecho de sus vuelos, fijando de pasada pueblos, caminos, cauces. Luego, cuando el verano llega, viene también su puntual representante dispuesto a vender en todo aquel racimo de pequeñas aldeas, su insólito perfil visto desde lo alto, su rostro verdadero limitado al Norte por una gris barrera de montes colosales.

Aparece ya mediado el día que se prolonga en idas y venidas hasta volver al coche con la carpeta llena de pueblos en color que en realidad no interesan a nadie. La propia casa, las propias tierras y huertos importan poco a sus dueños, aunque los reconocen pero todo lo más indican otros pueblos donde quizás tengan más éxito tales gestiones comerciales.

Es ésta la primera visita desde que el sol de marzo borra las manchas blancas de las cimas, el duro espejo de los ríos, las ciegas avalanchas o el azote del cierzo. En esta pausa otros viajeros aparecen. Años atrás arribaban enarbolando cruces de madera. Su presencia siempre tenía un aire de guerra santa con su peregrinar camino de la iglesia, sus sacramentos sobre predios y prados, su batir de campanas, sus mañanas de gloria y sus noches de ardiente penitencia. Como broche final solían colocar una cruz bien visible en el cerro más alto, dominando la parroquia toda. La vida proseguía luego. Sólo su enseña, cuya presencia borra ahora un modesto repetidor de televisión alzado a sus expensas por el pueblo, servía para recordar un mundo diferente.

El nuevo llega confusamente gracias al nuevo poste metálico si el viento no lo impide, si las pilas, tan caras, no se agotan, si la lluvia no oxida los tornillos o el tedio y el sueño no hacen cerrar los ojos mucho antes de la hora que imponen las ciudades. Aquellos misioneros no aparecen ya. Otras iglesias tomaron el relevo antes, cuando predicar al margen de la iglesia oficial suponía el riesgo de acabar con los huesos en la cárcel. De todos modos aquel tiempo pasó también. Los no católicos, una vez reconocidos, asomaron al sol, sus ceremonias salieron a la luz, pero a la hora de sembrar nunca se molestaron en volver por el valle a no ser en las ondas de la radio. No se sabe qué especial desesperanza, nacida en años de sumisión forzosa, les sumió en aquel sueño tan ajeno y lejano de pasados sacrificios.

De tal sueño cada vez más confortable, vino a sacarlos Jehová y sus nuevos testigos, quizás por nuevos más emprendedores. Éstos suelen llegar en los días festivos, con su puñado de hojas redactadas en un idioma entre convencional y amigo. En ocasiones tales misioneros resultan hijo y padre, hermanos se diría, en la falta de convicción con que regalan sus mensajes y en realidad no les falta razón porque tal como llegan marchan, ligeros de equipaje salvo en lo que se refiere al desengaño. En un paisaje donde nada importa ya, donde la tradición resbala como las torrenteras por los cauces gastados de la sierra, sería mucho pedir que, en sus viajes tan breves, consiguieran lo que tantos otros a lo largo de los siglos.

Así, finalmente, entre el pasado que se fue y un presente que nunca acaba de llegar, han hecho su aparición los *hippies*. Han llegado en un carro que es todo un símbolo: a medias estampa de un Far West adaptado, a medias del país en el caballo escuálido que parece arrancado de una corrida de Solana. Su pobreza es distinta de la que les rodea: viejas faldas, gastados pantalones, sombreros de fieltro, pocas flores y un singular recelo que les enfrenta a los del pueblo. Como representantes de dos culturas diferentes y a la vez complementarias, afines en sus pactos de mercado, ambos bandos viven su vida aparte, van y vienen, trabajan su huerto con esmero y amontonan, sobre sus muros revocados, los restos que por todo el valle dejó una sociedad de consumo rudimentaria. Viejas neveras se abren al sol cerca de elementales cocinas de butano, aparatos de radio que conocieron partes de antiguas guerras se alzan sobre sillas y mesas que desdeñaron en su día los más humildes de los chamarileros. ¿Qué hace todo ello allí? ¿En qué zaguanes o salas dieron luz, voz, calor a nacimientos, muertes, pleitos de alcoba o lindes? ¿Para qué sirven? Ni siquiera sus nuevos dueños lo cargan en el carro cuando bajan a la capital a visitar amigos, intercambiar amigas, beber lo habitual o fumar lo prohibido. Día tras día, lo hacen crecer más como afán coleccionista que como ruin tesoro de quien envidia los desechos de los otros.

En tanto los vecinos un día atónitos, han perdido ya toda curiosidad salvo cuando alguno de sus hijos defiende su presencia en el pueblo. Las chicas sobre todo, dispuestas siempre a emprender cualquier aventura con tal de conocer el otro lado del cerrado horizonte. Sólo entonces los padres miran el carro inmóvil con sus ruedas de goma, su toldo de lona y su escuálido caballo.

No acaban de entender a qué mundo pertenecen. Como sus nuevos dueños parece la última razón del valle, terreno de aluvión que encerrara en su entraña toda una vida borrada para siempre, suplantada, arruinada a la postre por horas que nada dicen ya, que sólo son un sueño alzado sobre la dura escoria de la tierra.

SUSPENSE MEDIEVAL

Cuando a Hitchcock le preguntaban qué cosa era su famoso «suspense», solía contestar con un ejemplo simple. «Imagínese usted a un hombre sentado en el sofá favorito de su casa. Debajo tiene una bomba a punto de estallar. Él lo ignora pero el público lo sabe.»

Imaginemos nosotros hoy que tal artefacto tiene forma de garrafa de plástico sin precinto o marca y se halla repleta de un líquido turbio y oleaginoso. La trajo como la mayor parte de lo que se consume, fríe o bebe, el camión habitual que con aires de mercado ambulante, hace sonar su claxon a la entrada del pueblo. Como las nuevas técnicas de venta y promoción alcanzan ya las entrañas más apartadas del país, la razón de su compra estriba en el precio. Se halla en oferta y resulta más barato que los demás, cada día más lejanos de bolsillos que todavía guardan recuerdos de pasadas estrecheces. La familia que lo compró tiene en puertas una próxima fiesta familiar en la que a más de los parientes, asistirán, invitados a rosquillas y fritangas, los amigos que aún comparten suertes comunes y futuras desgracias en torno al cerro de casas malparadas.

Tan malparadas se hallan que la radio es apenas un lamento lejano entre tormentas y estertores, anunciando a los vecinos su próxima entrada en la O.T.A.N. o el Mercado Común. Curiosamente llegan muy claramente emisoras de Lisboa o París que dicen poco a los sumisos radioyentes y como la televisión sólo muestra su cara blanca de nieve, ya se trate de agosto o de diciembre, sólo queda el recurso de la prensa escrita que nunca nadie leyó por demasiado lenta y cara. Cabría el recurso del teléfono pero tal adelanto no llegó todavía ni hay noticias de su próxima arribada. Según parece, la vida y muerte de la comunidad no compensan los gastos que suponen unos cuantos kilómetros.

Así pues, la noticia ha venido como en plena Edad Media, de boca en boca, a lomos de viajeros y tratantes, desde la capital y otros lugares más favorecidos y, como entonces, ha sido acogida con la misma mezcla de fatalidad y escepticismo. Si no se sabe de qué enfermedad se trata, si se ignora qué caminos recorre, de qué modo nos lleva al otro mundo, ¿qué hemos de hacer en éste? Como en tiempos del temido Almanzor, sólo queda esperar a que el destino decida por nosotros o salir en procesión.

Mientras tanto, los días se consumen y el mercado ambulante sube y baja repartiendo embutidos, vino, queso, pescado salido de la mar quién sabe cuándo y latas de conservas desahuciadas. Nadie lo inquieta ni detiene mientras se multa a algunos conductores por no llevar cruzado sobre el pecho el europeo cinturón de seguridad.

Cierto día, llega la primera novedad importante desde que allá en Madrid inició su carrera el mal desconocido. Viene —se dice—, como las viejas plagas de la Biblia, por el aire y al tiempo a ras de tierra por culpa de los fresones y los canes. Como la fresa siempre fue por allí manjar desconocido, los vecinos respiran aliviados. No hay aves de corral, los pájaros no abundan y respecto a los perros, no dan señales de perecer sino es del hambre secular que arrastran, salvo cuando una oveja muere y devoran la carne que los pastores no quieren vender.

Finalmente, otra voz ha comenzado a abrirse paso camino arriba, gargantas arriba por el camino umbilical que da vida a los vecinos. Ganando puentes, salvando vados, dejando atrás ventas y lomas, susurra cada día su balance de muertes junto a oídos ni demasiado asustados, ni por supuesto, convencidos.

La voz acusa a esas garrafas negras, de burbujas posadas como las heces que el río deja y la primera respuesta es el gesto incrédulo de siempre. Si allá en Madrid erraron tantas veces, ¿por qué no pueden equivocarse más? Si las razones son tan claras y evidentes, ¿por qué no aparecieron antes? A fin de cuentas por otras parecidas llegaría la muerte en los embutidos que nadie controla, y hasta en esas latas que se consumen en la misma capital sin que el envase explique durante qué plazo breve o largo pueden sin riesgo consumirse. ¿Quién controla en Madrid lo que se come y bebe? ¿Qué hacer con ese negro aceite? ¿Tirarlo al río y envenenar las truchas? ¿Enterrarlo? ¿Quemarlo? ¿Delatar al que lo trajo sin saber si a la postre es el verdadero responsable?

Ahora, según parece, es preciso cambiarlo por otro, previa entrega del documento nacional de identidad. Sin embargo, los vecinos desconfían. Tiempos no tan lejanos les recuerdan los riesgos de identificarse y además, no todos pueden desplazarse hasta la capital.

Así, según las nuevas llegan con retraso, a veces encontradas, a veces confundidas, las dudas crecen y la bomba rural que en su día depositó en la aldea un Hitchcock trashumante continúa bajo el sofá de tablas donde habrá de sentarse el presidente, el médico, el párroco y algunas fuerzas vivas más en trance de no serlo si el recipiente se abre. Puede que la familia lo haga y calle; sólo ella lo sabrá. Los demás conocerán su suerte algo más tarde, poniendo punto final a un drama con «suspense» digno de la Edad Media y a escala nacional.

LA SECA

Pocas comparaciones tan populares y que expresen tan bien una pobreza secular, como aquella que en castellano dice para cantar la virtud de una persona: «Es más bueno que el pan». Otras lenguas las tienen más exquisitas, pero en España, entre el jamón serrano y el pan blanco, ha ido hasta hace relativamente poco tiempo el camino de nuestras virtudes más o menos honestas.

El culto del pan, es decir, del grano, hizo alzar hacia el cielo los ojos de nuestros campesinos siempre a la espera de un maná que, como bien se sabe, nunca llegó a caer a gusto de todos. Para hacer romper aguas a las ceñudas nubes, la tradición contó de antigua con toda una brillante gama de remedios, desde los zahoríes famosos, siempre acechando los secretos caminos del polvo, hasta las procesiones de los párrocos. El santo especialista o no en asuntos de riegos, cruzaba los pajizos campos entre cauces rotos y rumores de agonizantes pájaros. Generalmente, la sequía, como sus blasones rojos que a la hora del crepúsculo solían alzarse sobre tesos tendidos y magros rebaños, solía tener su explicación cantada y repetida hasta la saciedad desde el púlpito hasta los corazones. La razón no era otra, se decía, que nuestras propias faltas, los muy graves pecados de los hombres. Seguramente muchos se preguntaban a la noche, viendo al trigo sin grano y al ganado sin agua, qué pecado mortal sería el suyo para sufrir castigos tales. Ser pobre en un país de pobres, no debía dejar demasiado tiempo libre para ofender a un dios que les negaba lo poco que aún hubieran podido salvar de sus señores naturales.

No resulta, pues, demasiado extraño que sin poder descargar sus iras sobre tales amos, bien defendidos, comidos y bebidos, volvieran sus ojos sobre el santo patrón o patrona, dispuestos a tomar represalias si una vez agotado un tiempo prudencial el agua de las nubes no caía.

Todo un ceremonial, mezcla de súplica y amenaza, ha llegado hasta hoy, testimonio de un afán de conseguir del más allá lo que el acá nos niega cada día en forma de boletín meteorológico. Cuando la pintura abandona conventos, sacristías y palacios para ganar la calle y triunfar en ella de la mano de Goya, aquellos santos de palo y encaje alzados como pendones de guerra contra la sed, la miseria y el hambre, se alejan del espectador y de los fieles convertidos en cuadros de costumbres entre clérigos orondos y gente de pueblo en cuyos ojos ya amanece la edad de la razón convertida en relámpagos sociales.

Es verdad que aún a lo largo de dos siglos, hasta ayer, como quien dice, se sigue mirando al cielo cada vez que la sequía se prolonga, mas poco a poco, el país, convertido de agrícola en fabril, fue desdeñando sus montes y sus ríos. Se montó una particular industria y en vez de depender del cielo verdugo o bienhechor, cambiamos su yugo y carro por el de técnicas y patentes extranjeras.

Ahora resulta que tales adelantos no nos sirven cuando la seca vuelve. Si el agua se empeña en no caer, de poco nos vale bombardear las nubes ni aprovechar en su totalidad nuestro particular laberinto de embalses, ríos y canales. Será preciso hacer acopio de humildad o echar mano de magos y pozos una vez más para regar un país que, a punto de romper las barreras que le separan de Europa, aún depende del cielo para sobrevivir; cuyo único recurso es sentarse a la puerta de casa y esperar a que el dios de la lluvia llore sobre nosotros, borrando de una vez y para siempre las miserias del alma y de la tierra.

ESTAMPAS Y TAMBORES

Palmas doradas, ramos de olivo ceniciento, romero de reflejos plateados, venían con la Semana Santa desde paisajes escondidos, en el regazo o sobre el hombro de niños que en aquel día estrenaban vestido. Fuera de cada oratorio o catedral, mecido por el retumbar intermitente de sonoras carracas, tal tiempo se anunciaba con un ir y venir de vacaciones, un perenne paso ante pórticos abiertos de par en par, dando paso a oscuros interiores. Allá adentro, en sus velados horizontes a los que tan difícil resultaba acostumbrarse, inmensos ejércitos de enhiestos cirios, de velas encendidas rendidas por el calor o el sueño componían tenebrosos laberintos animados por rumores de pasos y secretas devociones.

Su resplandor, tranquilo en apariencia, se revelaba, sin embargo, en perpetuo cambio de familias, colegios y corporaciones en torno al túmulo improvisado bajo imágenes escondidas al amparo de paños morados. Toda una teoría de tapices se mostraba animando muros desnudos durante todo el año. En ellos podía seguirse puntualmente la vida de Cristo y muchos otros asuntos profanos: secuencias de batallas, alegorías de flores y faunas, y alguna que otra vida de santo.

Era la vida entre tanta agonía, reencuentro con el día que afuera esperaba después de tanta oscuridad complaciente, remedo de una eternidad que desde el púlpito nos ofrecían más segura y perfecta.

Mientras tanto, era preciso quedar allí dócilmente, con la mano prendida de otras manos puede que más piadosas o más sabias, rezar y meditar en algo que no llegábamos a entender demasiado. Meditar en la muerte, llevar todo aquel mundo de paños morados hasta los remotos rincones del corazón y la memoria a través de una historia aprendida en largas horas de clase y capilla, sufrir por los demás cuando aún no se sabe qué cosa viene a ser padecer o gozar.

No quedaba otro camino que esperar a que la mano amiga o, tal vez, enemiga, según la ocasión, se aflojara quién sabe si también rendida por el tedio o el cansancio, arrastrándonos a casa o al menos hasta alguno de los bancos pulidos por generaciones y semanas como aquella, cerrada a todo salvo a devociones. Sentarse, santiguarse, susurrar entre labios una oración entrecortada y espiar en torno. ¿Qué pensarían los demás, los mayores, las mujeres enlutadas, aquel revuelo de uniformes recién sacados a la luz del día surcados por hileras de dobleces como los·tapices? Seguramente también aquellos ojos cargados de piedad, aquellos ceños fruncidos, casi inmisericordes, como enfrentados a los cirios; aquellos otros chicos, con su traje de gala guardado en el baúl desde el día dichoso de su primera comunión, estaban en el secreto del continuo vacilar de luces, de los juegos de terciopelos negros, de los cercos de Troya o la conquista de Orán, que sólo por entonces se ofrecían desde el Domingo de Ramos hasta el Sábado de Gloria.

LA MANO AMIGA

Fuera ya era otra cosa: la mano amiga se retraía del todo a lo largo de una apretada fila de caballetes, que agitaba al viento tiras de estampas con vírgenes y apóstoles animadas de torpes resplandores. En un rito se compraba y vendía la Pasión entera que, como el ramo en el balcón, al punto se olvidaba una vez vueltos a casa.

El matojo de olivo quedaba, sobre todo, seco y negro hasta el año siguiente, quemado por el sol de junio, aterido por los vientos de enero, magra memoria de unas cuantas jornadas olvidadas. Y cuando, puntualmente, a su tiempo cumplido, era preciso reemplazarlo, se acaba rompiéndolo, tan apegados estaban al recuerdo y a la casa toda su cabellera rancia, su menguado esqueleto.

Con aquel despojo y aquellos *comics* piadosos, desplegados y vueltos a plegar como un acordeón devoto, un retumbar rural de carracas, mitad leña de pino, mitad habilidad, daba juego a las manos infantiles entre un caudal de rasos negros, faldas cortas o largas, senos regidos sabiamente bajo medallas de oro al amparo de abanicos relucientes. El ciego sol de abril, pregonero de fiestas más alegres, teñía de sudor terrazas de cafés y escotes, corbatas nuevas y brillantes fajines; empujaba aquel perpetuo tráfico de capilla en capilla, de piedad en piedad, a la sombra de los primeros toldos que amparaban el vino fino de la hora de comer, el café de la siesta y otros festines permitidos más al norte de la calle de las Sierpes. Por la radio llegaba, además de la música sacra, un rumor de tambores eterno que cubría la Península toda, de Sevilla a Calanda, pregonando remotas procesiones, oscuro laberinto por el que un locutor de queda voz orientaba a los oyentes. Todo ello, día más, día menos, según tiempo y lugar, a lo largo de casi una semana. Luego al final, el sábado nos sorprendía con sus campanas esperadas, alzando los telones morados de iglesias de nuevo vacías, abriendo puertas de teatros y cines. Todo volvía a su lugar; tan sólo perduraba en el balcón el ramo. Incluso la mano amiga se alejaba también. Una y otra fueron por mucho tiempo santo y seña en el camino hacia la adolescencia de una edad, a la espera de los alegres días del verano.

RETRATO DE UNA DAMA

Hablando de la Edad Media es corriente evocar la memoria de Juana de Arco, la Doncella de Orleáns, a propósito de los cinco siglos y medio cumplidos desde la liberación de esta ciudad, en recuerdo de su triunfo fugaz y su póstuma gloria.

Es cierto que pocas figuras históricas masculinas o femeninas como Napoleón o Juana, han cubierto desde su muerte un camino tan fecundo en posibilidades artísticas, culturales, de alta finanza o mercado modesto, desde la gloria imperecedera de los héroes, los elegidos y los santos, hasta el modesto sello o marca de alguna suculencia habitual en toda bien servida mesa. Es curioso también que Francia, cliente máximo, por inventora, del chauvinismo más acabado, no sienta, llegado el momento, la menor preocupación cuando se trata de dar el nombre de su emperador a un coñac y el de su santa heroína, a un queso. Por algo los antiguos daban poca importancia al corazón y sí mucha al estómago.

Juana la virgen, como tantas otras de su tiempo francesas o no, oyó cierto día una voz que venía al parecer del cielo. Sin embargo, en su caso, el mensaje no se refería a ningún problema místico, moral o doméstico tan al uso entonces.

El correo invisible le pidió nada menos que barriera de Francia a los ingleses. Y Juana obedeció consiguiendo lo que los nobles no lograron. Coronó a Carlos VII en Reims antes de ser acusada de bruja y hereje, y morir en la hoguera, pues ya se sabe que los hombres no permiten que se les enmiende la plana impunemente.

Entre nosotros, sin contar la aventura violenta y monacal de aquel antiguo espadachín llamado en vida Catalina de Erauso, más conocida como la Monja Alférez, existe otra mujer en armas cuya vida corre en cierto modo paralela a la de la doncella de Orleáns, incluso en lo que al nombre se refiere. Pero más que por él o su apellido, también se la conoce por el lugar donde nació y así esta Juana García, Dama de Arintero, viene a ser nuestra Juana nacional virgen y mártir a cuenta de la guerra por la unidad española.

Casi contemporánea de su homónima, llamada para salvar a su país también de un ejército extraño, en este caso el portugués, la voz que puso lanza y adarga en su brazo y puño no vino del más allá sino del más acá, en boca de pregoneros que trataban de alzar tropa y hueste en favor de la reina doña Isabel, en contra de su rival la Beltraneja. Las leyendas nos cuentan en gavillas de versos torpemente asonantes, el triste desengaño del padre al no tener hijos varones que enviar a la guerra en representación de la casa. Y es entonces cuando Juana García se ofrece a marchar vestida de hombre tomando parte en los combates a la orilla del Duero, entre Zamora, Toro y Albuera.

Fue por aquellos campos donde se distinguió

por su valor, hasta que en marzo de 1476, según cuenta Juan de Ortega Muñoz, la pasión le traicionó pues: «*Al tiempo de tirar la lanza, como iba con gran fuerza, se le desabotonó y abrió su jubón que llevaba, y se le echó de ver el blanco pecho; por presto que acudió con su mano a apretarlo, comenzaron los soldados a alborotar diciendo: Mujer hay en la guerra muchas veces hasta que llegó la noticia a oídos del Rey*».

Si grande fue la sorpresa de los soldados no debió de ser menos la del monarca don Fernando, dispuesto a conceder cuanto pidiera dama tan generosa en valor como en dones de la naturaleza. Y tampoco fue parca en pedir favores la reciente heroína, para sí y los suyos, desde un escudo de armas a declarar hidalgos a todos los de su aldea y valle aparte de otras prebendas capaces de llenar el único documento que sobre su vida y muerte se conserva.

Mas como suele suceder en estos casos y como acaeció en su día a la Juana francesa, aquellos mismos hombres, sus primeros y devotos paladines, se convirtieron, ante tanto favor, en sus más decididos enemigos. En esta ocasión no hubo hoguera ni tribunal eclesiástico, ni siquiera un obispo Cauchon sobre quien cargar las culpas de su asesinato, pero al igual que en Francia, la envidia y el interés encendieron los fuegos de la calumnia hasta llegar a denunciarla por desacato al monarca.

Según unos, fue el mismo rey Fernando quien envió tras de ella a sus verdugos; según otros, los mismos nobles le dieron alcance en el viaje de vuelta, pasada ya la capital, en una aldea a las afueras de León, llamada la Cándana. Allí fue el sacrificio. Por él las mujeres de su siglo supieron que una mujer nunca podría ser igual al hombre en cuestión de mercedes, en el favor real, aunque en valor le superara.

La Dama, asesinada, glorificada luego, no llegó sin embargo a símbolo nacional aunque sí a heroína popular como lo prueban los múltiples romances donde su persona y aventura aparecen, y una especie de drama histórico en el que cada año su sacrificio se representa. Aparte de todo ello, hoy por hoy, tan sólo en la aldea donde nació y en el pueblo donde su vida y periplo concluyeron, aparece labrada en piedra, blandiendo su lanza, sobre blanco caballo, penacho al aire, a la sombra de tres pinos. Desde el cerco dorado de su escudo, se diría dispuesta a lidiar una vez más por esa nueva igualdad de la mujer, difícil paso honroso para el hombre en el que Juana García resultó, quizás sin saberlo, a un tiempo protagonista y pionera.

PASOS Y TRENES

El Paso Honroso, famoso en España y aún en la Europa de su tiempo, se lo inventó un buen día el leonés don Suero de Quiñones, en una fiesta ofrecida al rey en Medina del Campo, a mediados del siglo XV. Juan II aceptó la idea y el esforzado caballero se comprometió con otros nueve a romper trescientas lanzas por el rescate en que se suponía tener a su dama. Ni siquiera la tal dama existía a no ser que tuviera por tal el ejercicio cuando no la propia vanagloria. El caso es que don Suero compró arneses, caballos y lanzas en Valladolid, mandó labrar en mármol un mensaje que indicara el camino de palenque y rodeando éste de balconcillos y tiendas para los espectadores, se dispuso a esperar a sus futuros adversarios.

Todo aquello duró desde julio hasta agosto. Lidiadores venidos por el Camino de Santiago se desviaron unos días y un trecho, a fin de medirse con don Suero y su gente, hasta llegar a romper si no las trescientas lanzas, al menos la mitad de las presupuestadas para poder pasar con la cimera en alto la aduana de la honra, tan estrecha como la de la fama o la leyenda. Cuando don Suero se quitó la argolla con que se hizo aprisionar el cuello, símbolo, se supone, de la promesa declarada, seguramente fue el mejor día de su vida. El último llegó poco después, cuando uno de sus antiguos lidiadores, resentido, le mató en recuerdo del lance y como prueba de que quien siembra duelos recoge tempestades. Así pues, hubo y hay pasos honrosos, y otros que no fueron tanto, pasos cuya razón de ser empieza en el orgullo y concluye en la muerte, desafíos que vienen a ser desdenes a uno mismo, actitudes en las que se intenta ocultar oscuras vocaciones, gestos sombríos, penurias miserables.

Cuatro siglos después de Suero de Quiñones, ya no cruzaba el Orbigo aquel tropel de caballeros, ni apenas peregrinos camino de la tumba del santo en busca de fe, milagros y descanso. Cuatro siglos más tarde, el recién inventado ferrocarril cruzaba el río y llegaba a Madrid en el tiempo que el de Quiñones necesitaba para acercarse desde su Paso a casa. Sin embargo, el tren, a pesar de su velocidad, ya empezaba a llegar con retraso. Tal costumbre, habitual en nuestras latitudes —las quejas en tal sentido se remontan nada menos que a 1865—, vino a ser consecuencia del poco entusiasmo con que fue acogido por las diversas administraciones. Una mezcla de glacial indiferencia, desconfianza hostil y estímulo más entendido fue, según un catalán ilustre, la actitud oficial ante la mayoría de los proyectos presentados.

Porque la primera petición en tal sentido llegó a manos de Fernando VII antes de que funcionara en Inglaterra la línea Liverpool-Manchester. Prolongando más tarde su trazado primitivo hasta

Puerto de Santa María, se intentó interesar en él a los grandes cosecheros andaluces. Vano intento. Como se sabe, el tiempo siempre corre a favor de los vinos. Los grandes bodegueros prefirieron esperar a que los suyos ganaran en grados lo que el país perdía en medios de transporte revolucionarios. Pero otros comerciantes no pensaban así: cundía en ellos un notorio descontento, sobre todo entre los que se asomaban a Inglaterra, Alemania o Francia. Incluso Fray Gerundio de Campazas describe el humo de los trenes, el rudo estremecerse de la máquina antes de ponerse en marcha el convoy, las diez leguas a la hora que hacen borrarse el paisaje a lo lejos. Desde Fray Gerundio hasta Azorín, el paso honroso de los trenes fue superando servidumbres y barreras. Perfiles orográficos, capitales escasos, guerras civiles no pudieron con el espíritu de los españoles que comenzaban a tomarle el gusto a tales adelantos. Además, los nuevos caminos de hierro traían consigo un regusto a escándalo de corte, a favores acordados, a ministros vendidos, siempre admirados en nuestro país, como en el caso del marqués de Salamanca, capaz de conceder subvenciones jugosas al Madrid-Aranjuez donde a su vez cobraba como director y empresario. En vista de abusos tales se le alzó una estatua en su barrio europeo y elegante, de igual traza y tamaño que a Bravo Murillo, verdadero ordenador de los ferrocarriles españoles.

Hoy, al cabo de un siglo, hace unos días, la Asociación de Amigos del Ferrocarril ha celebrado su homenaje acostumbrado al tren, resucitando como siempre viejas locomotoras movidas por el vapor de la nostalgia. No hacía falta tanto. Sólo hay que bajar una mañana por la montaña del Príncipe Pío, dejar a un lado la Escuela de Cerámica e intentar cruzar el paso a nivel con que la RENFE obstruye la circulación de Madrid desde lejanos tiempos ferroviarios. Luego dirán que no amamos las tradiciones.

Mejor comprobar en torno cómo agoniza la primera y última de las grandes estaciones madrileñas, con su manojo de vías de ancho anormal, absurda megalomanía, singular cacicada y obstáculo tradicional en nuestro acercamiento a Europa. La que fue punto de partida teórico para el grande y definitivo viaje rumbo al progreso universal, hoy sólo sirve para breves paseos de cercanías. Su imagen bien pudiera ser símbolo de un tiempo de objetivos frustrados, de falta de entusiasmo, de una política racional ausente propia de los grandes monopolios.

Es cierto que su paso a nivel no corta tanto el tráfico como años antes. Entre otras razones porque apenas pasan trenes. El día en que dejen de circular del todo, estación y paso vendrán a dar la razón a aquella teoría según la cual el tiempo, el dejar las cosas como están, es el mejor ingeniero de la vida. No importa lo que digan los demás. Sólo es cuestión de callar, hacer oídos de mercader, esperar a que pase la tormenta y despertar un día encaramado a un pedestal desde el que dominar tu propia eternidad, reducida a lo que queda de tu barrio.

LA BELLA DESCONOCIDA

Y tan desconocida. Ahora resulta que en la vetusta crestería de la muy noble catedral de Palencia, entre grifos y leones, y demás imaginería medieval, hay también un fotógrafo, con su cámara y todo, inclinado sobre el abismo de la calle como dispuesto a hacer pasar a la posteridad la vida y horas de los paseantes. Debe tratarse del más insólito monumento nunca alzado en honor de la prensa gráfica y a la vez a la amistad entre dos hombres. Según parece uno de ellos fue don Jerónimo Arroyo, encargado de restaurar, a principios de siglo, una gárgola maltrecha; el otro, don Albino Rodríguez Alonso, fotógrafo incluido en los anales de la inmortalidad por obra y gracia del arte y buen humor de unos años bien diferentes de los nuestros.

En estos tiempos de desencanto y aquelarre no viene mal imaginar las veladas de los dos amigos en torno a su proyecto. Habría que ver la cara del fotógrafo a quien, tras conocer en su retina y placas generaciones y semblanzas de rostros y monumentos palentinos, se le ofrecía ahora pasar a la posteridad convertido en gárgola.

A buen seguro que protestaría: «Ten cuidado, Jerónimo, que lo van a notar». Y el amigo Jerónimo, sin perder la paciencia, respondería convencido a su vez: «¡Cómo van a notarlo, si aquí no viene nadie!».

Para que luego digan que el humor no es cosa de Castilla. Si la cosa sucede en Compostela, a estas horas ya le estarían preparando un libro. De ocurrir en Valencia ya tendría su falla; si llega a acontecer en Cádiz, para qué las comparsas y las murgas. El caso fue que don Albino cedió, y el tiempo y el cincel fueron dejando testimonio de aquellos buenos días de los dos, a solas con su secreto compartido. Aunque si bien se mira, no debió serlo tanto, pues colocar la estatua, alzarla con los medios de entonces, no debió ser cosa de dos días o asunto de dos noches. ¿Cómo llegó don Alonso a las alturas? ¿Qué razones dio don Jerónimo al Cabildo? La Historia calla, al menos hasta hoy, y si hubo oposición, hay que reconocer que el arquitecto se mantuvo en sus trece, hasta colgar en lo más alto de la catedral la efigie insólita del estimado amigo.

La lluvia cuando no la nieve, las heladas, el viento y el granizo fueron cayendo como los días sobre el cuerpo tendido hasta condecorarlo con el verdín austero y la dorada pátina de los viejos leones y dragones vecinos. Seguramente los dos cómplices pasearon alguna vez bajo arcadas y tímpanos esperando sorprender una mirada de extrañeza abajo; quizás don Albino Rodríguez Alonso, fotógrafo de la Comisión Provincial de Monumentos, hizo algún día un alto en su trabajo cotidiano mirando hacia lo alto para verse a sí mismo en el espejo limpio del cielo despejado. ¿Qué pensaría aún hace pocos años, acerca de la inmortalidad, del arte, de los estudios eruditos? ¿Rozó algún día la humana tentación de tirar de la manta proclamando la verdad de su retrato singular? ¿Qué virtud o valor frenaron pluma y voz en este caso? De todas formas el episodio de la falsa gárgola no pasó a la historia de su catedral, ni a los archivos de los sabios. Desconocida como el mismo templo, olvidada a su vez, su suerte parecía decidida para la eternidad. La lluvia siguió anegando pilares, amenazando ruina, en tanto desde lo alto don Albino veía desfilar a sus pies palentinos de ahora y curiosos foráneos. Si se pudieran revelar las placas que a buen seguro se llevó consigo al paraíso de los buenos amigos fotógrafos, los palentinos de hoy podrían reconocer su villa en sus vidas y muertes, en su afán cotidiano.

Por entonces Alfonso XIII se casaba y Albéniz, en París, vivía y estrenaba. Unamuno, poeta, y Menéndez Pidal a la sombra del Cid, iniciaban, como se dice ahora, una sonada década. De toda ella, a más de monumentos provinciales, a buen seguro quedó huella en la cámara de don Albino, arriba entre sus arquitrabes.

Del primero, señor de las alturas, ¿qué será ahora, una vez descubierta su presencia tras tantos años de incógnito? ¿Qué dirá el Patrimonio siempre alerta? ¿Con qué estallido de cólera vendrá a amenazar nuestra reciente ADELPHA, tan amiga de iconos como enemiga de restauraciones? A fin de cuentas, esa gárgola espuria atenta contra todos los cánones del arte. Sólo la salva el buen humor y éste, como se sabe, no casa bien del todo con las normas que rigen tales casos. ¿Bajarán a don Albino de su trono? ¿Permitirán que siga en él? ¿Callarán los responsables o envolverán en un frío mutismo calculado este asunto de amistad y gloria? Es de esperar que el buen sentido prevalezca. Los palentinos de hoy no van a consentir desprenderse de su nuevo mito. En un país de tanto desconocido ilustre, esta desconocida catedral quizás convoque en torno el interés o la curiosidad gracias a don Albino y don Jerónimo, después de tantos días de indiferencia a lo largo de siglos y más siglos.

ESPEJO DE LOS DÍAS

EL RESPETO A LOS MUERTOS

De pronto, sin saber por qué, se ha vuelto a poner de moda entre nosotros tratar de la muerte. La verdad es que siempre lo estuvo. Díganlo si no a la danza que lleva su nombre, la famosa imprecación del Arcipreste y en general las constantes alusiones literarias al gran trago final o el hecho de que una de las obras fundamentales de nuestra pintura represente un entierro magnífico: el del conde de Orgaz, con su corte de caballeros y frailes, y su añoranza de la vida menos retórica y aparatosa que las fantasías de Valdés Leal.

Siempre fuimos amigos de la muerte, pero de un modo un tanto superficial, a la manera de aquellos que, gozando de buena salud, tratan de ella con la desenvoltura de los que no la sienten demasiado cerca.

De nuestro Siglo de Oro a Gómez de la Serna, los muertos, las muertes y demás fantasmagorías han jalonado de osarios y cipreses un camino, que en Madrid pasa por los viejos cementerios románticos.

Tan asiduo trato con la desnarigada y un desdén por los despojos terrenales en beneficio del alma inmortal debieron de dar pie, desde siglos atrás, a ese desdén por cuerpos y cadáveres que, unas veces ilustres y otras anónimos, nadie se molestó en guardar para ejemplo y memoria de siglos venideros.

Cuando el Romanticismo hizo a sus personajes protagonistas de la Historia, alzándoles sobre solemnes pedestales, nació la idea de reunir sus cenizas en panteones de hombres ilustres. Labor inútil, vano propósito. Aquellas ciudades, regiones, barrios que en nada se esforzaron por ayudar a sus hijos en vida, sintieron de improviso la necesidad de guardar sus restos a la sombra de mezquinos cenotafios. Mas ni aún así los muertos quedaron en paz. Centralismos aparte, no hace mucho se abrió el nicho donde reposa Cayetana de Alba a fin de comprobar —según aseguró la prensa— si en sus días sirvió de modelo a Goya para sus dos majas. Ejemplo singular de cotillería pseudocultural, según la cual es lícito perseguir la intimidad más allá del retiro postrero de sus tumbas.

Hace tiempo, en el curso de unos derribos para dar paso a las consabidas urbanizaciones, apareció en el solar de un convento en Benavente el cadáver de una mujer emparedada. Alguien dijo que podía tratarse de una monja, de un castigo o promesa tal como Ramón cuenta en una de sus fantasías literarias. El caso es que a los pocos días, ni los muros, ni la monja en cuestión existían. Se echó tierra al asunto en el sentido literal de la palabra, quedando visto para sentencia si es que para estos casos existe tribunal en el día del Juicio, tal como Quevedo lo describe en su famoso sueño de las calaveras.

Aquello debió de ser un aldabonazo del más allá, algo así como la llamada postrera del Tenorio, avisando el final de la veda, pues a poco la villa de Llerena sacaba a la luz un rosario infinito de cráneos y quintales de huesos anónimos que el tiempo y alguien más se cuidaron de ir acumulando. Con el recuerdo aún fresco de venganzas anónimas es natural que las gentes anden inquietas, que se hable de la Inquisición, de los no menos famosos *alumbrados* o los altivos y misteriosos templarios.

La hecatombe, al parecer ya conocida de los niños que acostumbraban a solazarse con tal espectáculo, se consumó a lo largo de unos cuantos siglos. Las causas, de momento, se desconocen, aunque, según parece, se están investigando. Pero mientras se aclara o no la razón de tal suceso trágico, otra vez esa pasión superficial por la muerte y las muertes comienza a desatarse. Ya las fuerzas vivas de la villa aseguran que ni una sola momia saldrá de la provincia para ser estudiada en ajenas o lejanas facultades. Lo que es de la región, en la región debe quedarse. Incluso se habla de organizar un museo. ¿Un museo de Historia? ¿Antropológico? ¿De muerte y exterminio, precursor extremeño de Mauthausen? Tal colección entre macabra y fantasmal, seguramente atraería a más turistas morbosos que estudiosos. Mas por lo pronto, hasta en Madrid tenemos un puñado de tales despojos rodando de local en local, de organismo en organismo, a la espera de que algún ministerio se haga cargo de ellos.

Al menos tienen a su favor su cantidad insólita. Si se tratara de una o dos, como en el caso de la monja de Benavente, se les hubiera emparedado bajo la espesa losa del olvido. Pero a éstas no, a éstas, cualquiera que sea la razón de su muerte, parece que se las va a promocionar. De hecho ya aparecieron en la prensa y es de esperar que vuelvan en repetidas ocasiones, sobre todo si su museo se inaugura.

En un país incapaz de dar con los huesos de El Greco y de Cervantes, que perdió los de Lope y Calderón, que dejó derribar la iglesia donde se hallaban los de Velázquez, que perdió a un tiempo los de Quevedo y Zurbarán, no es de extrañar este culto necrófilo digno de nuevos ricos antropólogos. En su afán por lo espectacular, aún no ha llegado a comprender que el respeto a sí mismo de los vivos nace siempre del respeto a los muertos.

UN LUGAR DE LA MANCHA

«La Mancha —dice Azorín—, tiene un concepto geográfico, un concepto agrícola, un concepto catastral, un concepto geológico, muchos conceptos. La Mancha es una llanura fragmentaria; primero verde, con los sembrados incipientes; después amarilla con los trigos encañados, luego parda con los rastrojos.» Esa llanura la estamos gozando desde el tren, desde el automóvil, al penetrar en ella, hasta que llegamos al bien amado Albacete.

Azorín va camino de Monóvar. Todo el mundo cruza La Mancha camino de alguna parte. El mismo escritor traza de la villa un boceto apresurado, perfil de frío y navajas, arrancando del río sus fuerzas colosales. Le llama la atención su maquinismo, su modernidad, su derroche de energía. «En la noche —concluye—, un enorme halo resplandece sobre la ciudad.»

¿Cómo vería hoy el filósofo Martínez Ruiz la ciudad? ¿Se detendría al fin en ella? ¿Llegaría hasta su plaza principal abierta de par en par a un cielo de hielo y fuego según las estaciones? Probablemente el gran amigo de los viejos palacios, de las calles salientes y los oficios graves, se acercaría muy quedamente hasta la posada del

Rosario y fijaría su mirada, alerta siempre, en la temible cuchillería que aún se esgrime amenazante en los nichos mullidos de las tiendas. Pues nadie más apasionado que él de esta Mancha amarilla y parda, del color de la mies y la estameña, tantas veces surcada en tren para asomarse al mar Mediterráneo. El tiempo, el coche, que todo aquello que no matan acaban por acercar definitivamente, han unido a Albacete y Madrid por razones geográficas y caprichos políticos. Así la villa está a un tiempo muy lejos de la capital y demasiado cerca.

Entre Murcia y Madrid, entre las tierras del vecino litoral y las que cubren el duro caparazón de la meseta, la villa ha sido y sigue siendo tierra de paso fervientemente disputado, sendero abierto a los vientos de la Historia. Más allá de su feria, la ciudad respira, pide al cielo reposo y descanso en su parque principal, refugio sobre todo en los días y noches estivales. El jardín tiene hoy ese aspecto decadente que cubrió de ilustraciones las páginas de Rubén recién venido de América o los poemas lacrimógeno-amatorios del no menos famoso Amado Nervo. En sus frondas que mienten perdidos paraísos lejos del sol y la calina siguen los viejos dormitando, los jóvenes amando y los rotundos matrimonios pletóricos de prole y satisfacción contemplando estos nuevos tiempos con hostil atención.

Si Azorín, tan amigo de los jardines de España, paseara alguna vez por éste, se iría a topar, más allá de plazoletas escondidas, con un macizo edificio blanco aún más moderno que las casas alzadas en los barrios fronteros. Se trata del museo de la capital, y su tesoro, que bien justifica un viaje, es, por encima de Iberia, Roma o el gótico, la colección de Benjamín Palencia. Desde los campos de La Mancha y Castilla a los paisajes de Vallecas, el primero de nuestros pintores contemporáneos está allí, en su primer impresionismo, en sus figuras y bodegones, para llegar hasta la alegre violencia del color, maestra y precursora de tantas nuevas generaciones. Allí aparece su obra en dibujos, óleos, gouaches, transformada y a la vez definitiva, en desnudos rotundos y asombrados zagales, en tierras y gentes donde asoma sus postreros flecos el perfil escondido de la tarde.

Dice Azorín que en la noche se ve como un halo sobre la ciudad. Debe ser esa luz que da el pintor a sus paisajes, reverbero genial a un tiempo de La Mancha y Castilla.

TORMENTA EN ALBA DE TORMES

«Hasta aquí podíamos llegar», han gritado las gentes de Alba de Tormes, si la agencia no miente, «por aquí no pasan obispos del Palmar de Troya, ni diáconos, ni monjas.» Con un papa, una santa y una casa ducal ya tenemos bastante.

Como postre, por remate de este año centenario y teresiano, al obispo Clemente no se le ha ocurrido otra cosa que aportar su granito de arena a los graneros celestiales, reproduciendo a lo vivo y en un convento de fama una de aquellas algaradas espectaculares que en tiempos de la Madre solían tener como protagonistas a priores, visitadores, monjes y monjas más o menos descalzas, hasta llegar en ocasiones a las manos. Basta con echar un vistazo a la vida de Santa Teresa o San Juan de la Cruz para entender cómo tales envites eran capaces de traspasar rejas y muros hasta ganar la calle y resonar a veces en cartas dirigidas nada menos que a Felipe II. Y para que en este cuadro añejo y crepuscular no falte nada incluso el tal *papa* y su séquito se salvaron gracias al sentido común de un grupo de juiciosos catalanes.

Al *papa* en cuestión, por si ya hubiera poca confusión allá en sus predios del sur cara a las próximas elecciones, sólo se le ocurrió autoproclamarse elegido y auténtico a orillas del histórico Tormes. Se le ocurrió y lo llevó a cabo un poco en plan de campeonato regional donde ya se sabe cómo acaban a veces jugadores y árbitros. El caso es que, tal como en los tiempos señalados antes, años en los que duda y fe cabalgaban por los senderos de León y Castilla, las campanas tocaron a rebato, los vecinos se echaron a la calle y, a no mediar el droguero de la villa, la sangre de alguna que otra cabeza rota hubiera hecho cambiar de nombre y color el Alba de la antigua familia. El droguero, como uno de aquellos «hombres honrados» de concejo y vara, decidió no partirla sobre el lomo del *papa* ofensor y sus acompañantes, sino ganar tiempo y espacio, virtudes seculares como se sabe, de aquellos que reparten sus horas entre el mostrador y el campo, y una vez ganados ambos para su causa purificadora encerró a todos en el interior del templo, convocando a los vecinos con un clamor de recias espadañas.

Debió de ser cosa digna de ver y oír a ambos bandos rivales, enfrentados y unidos, como a la espera de la hora del juicio final, los unos a la izquierda, los otros a la derecha entre flores y cirios, aunque lo más probable es que les preocupara sobre todo aquel otro que ya se acercaba con hoguera final clamando por las calles de la villa. El caso es que el clamor aquél consiguió alcanzar por fin a los coches de los insólitos peregrinos, dejando a éstos hechos un cristo como el dicho dice, incendiando su coche; es decir, quemándolos en efigie.

Como en un filme de la Italia de la posguerra, menos mal que entre el prior, el párroco y el alcalde consiguieron salvar a las futuras víctimas si no de los rigores del cielo de otros más apegados a la tierra con la ayuda de dos ángeles guardianes disfrazados de médico y A.T.S.

Cuando al caer el crepúsculo, el juez puso en la calle al *papa* y sus ocho, les fue preciso tomar un taxi para volver a su Palmar, a meditar acerca de si los españoles hemos cambiado mucho o no, sobre si el cielo desde aquí abajo, a ras de tierra, resulta más hostil y difícil que desde nubes cargadas de millones.

Mientras tanto en ese sur de Clemente, a punto de votar, la imagen de una virgen llora, y crece día a día el sendero y el río de los que quieren ver de cerca tal prodigio. Las autoridades eclesiásticas recomiendan paciencia y calma. A su hora todo se aclarará. Quizá dentro de una semana o dos, con la balanza decidida por cualquiera de los partidos en pugna.

Ahora ya sólo falta que un grupo de irritados vecinos de Alba de Tormes bajen hasta Granada a increpar a esa virgen por sus lágrimas. Por motivos menos razonables se encendieron en Europa hace siglos guerras de religión en las que se jugó y quemó, pues como todos saben comparadas con ellas las demás eran simples pecados veniales. Aquí, nunca se sabe. Si aquí a cualquiera hoy se le ocurriera escribir un guión, una comedia o una novela donde pueblo, relicarios, jerarquías, drogueros, priores y milagros se mezclaran, es posible que sólo hicieran sonreír a los demás en el mejor de los casos; «ahora somos distintos», dirán aquellos que hace años inventaron lo de «España es diferente». Y sin embargo, ahí están Granada y Alba de Tormes, hermanas y rivales en la lejanía, la una llorando lágrimas de sangre, la otra con sus hogueras encendidas.

NUCLEARES NO; GRACIAS

Como todos los de su generación y de su clase, siempre de chico, escuchó en plural y siempre, por supuesto, referida a bebidas refrescantes. Elixir de excursiones o pretexto para ruidosos brindis, las burbujas acompañaron su infancia y juventud desde las puertas del colegio hasta las primitivas fiestas familiares.

Fue un tiempo bueno aquél, días de los primeros amigos crepusculares, de primeros tanteos femeninos en jornadas de cine interminables sin las burbujas de la infancia salvo las obligadas por tradicionales. Hasta que un día, como todo en la vida, volvieron puntualmente como un ciclo cumplido. Ya estaban otra vez allí, alzándose como el gas de los pantanos, metálicas, doradas, en el sordo estampido de los postres. Volvían con su propia boda que tras el título llegó, con las postreras fotos tras de la ceremonia. Luego, en el viaje de novios, más burbujas, en este caso inevitables en París, y la vida, a la vuelta, despegando definitivamente con sus primeros proyectos de embalses la puntual llegada de los hijos.

El día en que se inauguró la casa, esa casa que alejaría a la familia del aire emponzoñado de la capital, sus colapsos de tráfico y también de sus colonias de emigrantes, otra vez lució el champán en burbujas procaces que ahora el televisor mostraba rodeando hombros. El curso de su vida se hallaba cumplido. Con los hijos fuera de España pero puntuales a la llamada de las Navidades, su ciclo vital de hombre de empresa alzado a costa de tesón y sacrificio se hallaba bien cumplido y rematado.

Pero de pronto esas burbujas que marcaron los momentos estelares de su vida han vuelto, pero en singular. El mundo sigue atento a esa hinchazón nuclear preludio de grietas, piezas con defectos y vertidos en el mar, ese temor que allá en América o en Suecia trata de ocultar.

Mientras mira allá en el horizonte, la llanura que apunta hacia Zorita en el corazón de la meseta, nuestro hombre se pregunta si será verdad cuanto dicen los periódicos. Esas grietas que a tantos quitan el sueño le obligan a velar también. ¿Será posible, según dice la prensa, que esa pequeña fábrica, a menos de cien kilómetros, con su perfil de ciencia ficción, su cúpula color naranja y sus controles de contaminación sea capaz de aniquilar el sueño de su vida? ¿Será verdad esa muerte que tanto pregonan pacifistas ecólogos de todos los países? Toda una vida programada, culminada, será capaz de borrarse por un error de cálculo imprevisto.

Ya no mira a Madrid, su mirada ahora apunta a la llanura que anuncia el valle de Zorita. De pronto un sentimiento de frustración le irrita. Ni siquiera le queda el recurso de marchar. ¿A dónde? Ante este nuevo tipo de muerte multinacional es inútil escapar como quien huye de la peste.

Ha apagado la luz. No está dispuesto a que tales temores le arrebaten un momento de su sueño. Mejor no preocuparse, no pensar. A fin de cuentas la ciencia avanza, el progreso no se detiene. Después de todo —concluye, en tanto se desliza entre las sábanas—, a poco que ese desastre tarde, a mí no me va a tocar ya.

RESPETA LO QUE ES TUYO

La lista de templos, monumentos, lugares históricos y museos cedidos para fines cinematográficos, o tantos otros distintos de su razón artística o histórica, tan sólo tiene parangón con el conjunto de pretextos y justificaciones que se suele esgrimir a la hora de cobrar lo que se cede en riesgo cuando no en evidente deterioro. Pues en la tarea común de acabar con nuestro patrimonio cultural a un tiempo tan extenso y tan precario, suelen aliarse motivos de muy diversa índole.

Si a tantos amantes empeñados en pasar a la historia a fuerza de grabar sus nombres en muros y columnas añadimos los disparos de tanto cazador frustrado sobre cabras pintadas en las rocas, si al afán campesino de desmontar castillos para fabricar pesebres, unimos el afán de ciertos guías por sacar a la luz pinturas de otros tiempos regándolas con agua hasta dejarlas cubiertas de cal como sombras remotas, se llegará a la conclusión de que a pesar de la falta de recursos económicos, la salvación de nuestro patrimonio no es cuestión de dinero solamente, sino, ante todo, de cultura general.

Y sin embargo, después de todo, el arte, mal

que bien, en teoría al menos, puede considerarse defendido. En el caso de nuestro idioma en cambio, cualquiera puede entrar a saco en él sin que nadie le estorbe o pida cuentas. Nadie puede tocar un cuadro ilustre; cualquiera en cambio puede adaptar a Lope, cobrar sus honorarios, figurar a su lado en los carteles. No hace mucho un anuncio de lanas escrito y calculado con pretendido acento de nostalgia patriótica, tratando del Consejo de la Mesta incluía el inevitable «*es por eso que*» capaz de hacer alzarse de sus tumbas a todo un gremio de honrados castellanos.

Como el idioma es patrimonio de todos, parece ser que todos tienen derecho a maltratarlo. A la moda de hablar demasiado bien ha venido a suceder la de hablar mal, que resulta, por cierto, más asequible y fácil. Al esfuerzo por ser concretos y exactos ha venido a sustituir una serie de claves que a fuerza de querer decirlo todo, apenas van más allá de un confuso catálogo de voces. No hay palabra más inútil que la que está de moda ni razón más tonta que la que se pretende imponer a fuerza de repeticiones. Por todo ello no es raro oír hablar en el Senado y Cortes de paquetes de ideas y proyectos. Si las ideas pueden empaquetarse sobran idiomas, cultura y enseñanza.

De arriba a abajo se maltrata nuestro idioma por desidia, para asombrar a los demás por falta de elemental conocimiento. Seguramente se habla mal porque se enseña mal, posiblemente se enseña mal porque no alcanza el presupuesto, pero sólo es preciso alejarse un poco de las grandes ciudades y de aquellas otras que imitan sus

116

modas, sus pretensiones y lenguaje para escuchar ese español que hoy llaman castellano las Cortes. Según dicen profetas al tanto del tema, el patrimonio artístico nacional no llegará a salvarse en su totalidad a pesar de la ayuda que el Estado le presta, sin una previa toma de conciencia. A estos nuevos españoles de hoy se les intenta enseñar a conducir por nuestras carreteras, a respetar los bosques, a pagar los impuestos, a votar, a invertir, a consumir. Nadie en cambio se empeña en enseñarles a hablar, razón primera que suele distinguirnos de los irracionales. Si no aprendemos a hablar nuestro idioma, es decir, a conocernos y respetarnos, mal lo harán los de fuera.

Hay una anécdota que corre al filo de los primeros días de la Segunda República española. Apenas conocida su proclamación, ciertos grupos se dirigieron a Palacio. Cuando llegaron ante su fachada, un cartel improvisado la cubría. «Respeta lo que es tuyo» recomendaba más que exigía. Sea verdad o no, más allá de su recuerdo honrado y populista, resulta evidente que nuestra cultura y nuestro idioma son algo más que un monumento. Suponen nuestra primera razón de ser, nuestro presente y porvenir que es preciso respetar y salvar de la frivolidad y la ignorancia de estos tiempos.

DE EXILIOS Y PRISIONES

Decía Cortázar en una entrevista relativamente reciente, que escritores y artistas deberían tomarse el exilio más o menos como una bolsa de estudios con la que su gobierno les obsequia para seguir su obra en el extranjero. Así vendría a ser su escudo, su esperanza, su remedio, su modo de continuar en pie, de no dejarse aniquilar a fuerza de añorar su patria.

De tales ayudas más allá de los Pirineos o el Atlántico, sabemos los españoles bastante y aún de otras cárceles del alma de las que fuimos casi pioneros. Viendo con qué saña se envió a la cárcel siempre en nuestro país, a todo tipo de escritores, se diría que aquí, a lo largo de la Historia, gozaron de temida influencia, de docencia peligrosa digna de prevenciones especiales. Y sin embargo, sin recurrir a Larra, todos sabemos qué poca cosa significa escribir en España. No supone llorar sino flotar en el vacío, procurando no herir susceptibilidades.

Desde el sufrido Garcilaso al no menos doliente Don Antonio, del Danubio a Colliure, pasando por los toros de Burdeos, los distintos gobiernos españoles nunca anduvieron demasiado remisos a la hora de facilitar esas becas de estudios de que Cortázar habla, con las que ampliar conocimientos acerca de la espera y la añoranza.

Sin espigar demasiado en tal sentido, la cosecha se inicia con el Canciller López de Ayala, quien sintió caer sobre sus hombros la pesada miseria del exilio. Como un moderno agente doble actual o un moderno político en ciernes, cambió de bando varias veces hasta caer prisionero de los ingleses. Liberado y derrotado más tarde en Aljubarrota, puesto precio a su rescate en el tablero de aquellos siglos oscuros, fue preciso que su mujer buscara a toda prisa el dinero exigido antes de que los portugueses sucumbieran a la tentación de acabar con él. Astuto, oportunista, su probada ambición política cambió de signo al paso de los años convirtiéndose al final de sus días en patriota, no se sabe si por afán de medro o prematuro cansancio de la vida.

Juan de Mena, nunca comprometido, dejó pasar su vida y obra en la torre de su dorado laberinto, en tanto Garcilaso, por asistir como testigo a un matrimonio en contra de los deseos del Emperador, fue a parar a orillas del Danubio sin que llegaran a valerle los buenos oficios del Duque de Alba ni su hoja de servicios tan repleta de hazañas como de versos diáfanos, rotundos y perfectos.

Tan mala racha alcanza cima y cotas conocidas con Fray Luis de León, cuyo proceso añade nuevas razones a las ya conocidas con sus posibles antecedentes judíos. Cinco años de paciencia y privaciones en las mazmorras de Valladolid le fueron precisos para recuperar su cátedra, siendo al fin declarado inocente. Final feliz que no borra del todo la envidia que mueve en realidad tal tipo de oscuras delaciones.

Juan de la Cruz fue sacado una noche de su celda por el grupo de frailes y gente de armas que le arrastraron hasta el convento de Carmelitas de Toledo. En sus oscuros sótanos aquel poeta de la luz fue maltratado y humillado más tarde por los frailes descalzos, sus antiguos hermanos, hasta acabar con sus huesos en Segovia, a la vera del río en el más pretencioso enterramiento de la historia de la literatura española.

A Cervantes los turcos en los Baños de Argel le enseñaron a tener paciencia, asignatura que le fue bien necesaria en prisión a menudo. Lope la conoció por su verso dicaz, sumando a su encierro ocho años de destierro para meditar sobre las consecuencias del amor.

De Quevedo no es preciso recordar sus días de León en los que implora al Conde Duque una piedad que él nunca tuvo para colegas y enemigos. Bien es verdad que el poeta del dolor y la muerte la veía demasiado cerca por entonces. Torres Villarroel o Jovellanos resisten como pueden los postreros envites de la muy santa Inquisición, haciéndonos entrar de lleno en tiempos más cercanos, cuando las cárceles de España, los exilios de España, crecen con los recién llegados del otro lado del Atlántico. Hoy se pide abrir las puertas de par en par, a la corriente del exilio americano en justa compensación a esa misma corriente que, en sentido inverso, favoreció a tantos nombres ilustres nuestros. Pero no debe ser ésa su razón fundamental.

La puerta debe abrirse para todos por pura

humanidad no cambiando favor por favor. Ahí está el ejemplo de Francia a través de los siglos, del que continuamente se beneficiaron los españoles. No se trata de gratitud o prevención, sino de sentir al hombre, antes que individual, universal en su más genuina condición a través de los siglos: a un tiempo prisionero y libre de todos, en exilio perpetuo del mundo y de sí mismo.

LA GUERRA Y LA PAZ

En estos tiempos de paz amenazada dentro y fuera de España, cuando Europa se junta en un afán común de no volver a servir de campo de batalla parcial o total, vuelven hitos históricos cuyos nombres son Lützen, Cabrera o Austerlitz.

«Venían marchando día tras día, unos de Levante, otros de Poniente, desde el Sur y del Norte, y querían apaciguar el fuego aquél, pero sólo conseguían aumentar su furia.» De este modo describía el pastor Dorsch el perfil de la guerra en pleno siglo XVII.' A ello añadía una mujer de aquellas que seguían a las tropas entonces: «Yo nací en esto, no tengo hogar, ni país, ni amigos; la guerra es todo mi caudal. Cuando termine, ¿a dónde puedo ir?». Como anota Koenigsberger, nadie que hubiera nacido en Alemania después de 1610 sabía qué era la paz. Pocos adivinaban por qué aquella lucha había comenzado; sólo que, año tras año, ejércitos errantes efectuaban marchas y contramarchas a través de sus tierras, quemando, saqueando, destruyendo, y que el hambre y las enfermedades mataban más gente que los mismos cañones.

Los sufrimientos que esta contienda interminable ocasionó a la población civil —añade el autor citado— se agravaron por culpa de los soldados mercenarios. Sus acciones parecían dictadas, antes que por la estrategia, por las posibilidades de un mejor botín. Su voluntad era sólo herir y matar. Nada podía frenarlos: ni el invierno, ni el calor, ni el hielo; sólo la muerte tenía sentido para ellos, hasta que uno tras otro iban cayendo. Esa misma suerte como fin, aquella especie de suicidio colectivo, al que no eran ajenos intereses económicos o de religión, dio suelta en el corazón de aquellos soldados un rencor hacia la vida que perduró en las guerras que tras aquéllas vinieron, sin distinguir entre grados.

Así, dos siglos más tarde, según cuenta Lovett en su documentada historia de nuestra lucha contra Napoleón, el más cruel de los jefes franceses fue el general Dorsenne, que en una loma frente a su residencia había alzado tres cadalsos en los que se exhibían a lo largo del día y de la noche los cuerpos de otros tantos patriotas españoles. Sin embargo, como siempre sucede, ni tales exterminios, ni la amenaza o la tortura sirvieron sino para nutrir nuevos odios y muertes. No en balde el padre del poeta Víctor Hugo, gobernador de diversas provincias, escribía a sus lejanos superiores: «Si las tropas no abandonan este sistema de extensión del terror por doquier, deberán renunciar a la conquista de España».

Muchos franceses, en sus memorias escritas tras de la ocupación, suelen descargar parte de los desmanes cometidos entonces sobre los soldados mercenarios, que, sin jugarse nada en la aventura, salvo el sueldo o la vida, hicieron gala de una ferocidad no conocida entre las tropas regulares. Parecían nutrirse del dolor ajeno, como si el fin de los demás fuera a servirles de llave o talismán para ganar las delicias de un atroz paraíso perdido. Tal sucede cada vez que el hombre se enfrenta al hombre, cuando un viento sombrío parece agitarse en lo más profundo de los corazones. Entre los invasores y sus tropas auxiliares, fueron los más crueles los polacos y alemanes, la gente de Nápoles y los españoles renegados. Lord Blaney, capturado cerca de Málaga por ellos, escribe: «Tuve realmente muchas oportunidades de observar la superior liberalidad de los soldados y oficiales franceses comparada con la de los alemanes y españoles al servicio del emperador. Estos últimos trataban a los prisioneros con la más cobarde brutalidad, sin duda para hacer méritos ante sus amos, que, sin embargo, no ocultaban su desprecio por ellos».

A las provocaciones y represalias, los españoles libres respondían por su parte con masacres que llevan nombres como Arenas de San Pedro o Manzanares. El mismo ejército del general Dupont, vencido por Castaños y Reding en los cerros ardientes de Bailén, pagó con creces sus desmanes anteriores, primero, en Cádiz, y más tarde, en el peñón desolado de Cabrera, vecino de Mallorca. A los 5.000 prisioneros que con su cautiverio inauguraron la lista sangrienta de los campos de concentración o de exterminio, se unieron pronto nuevos envíos que desde diversos frentes de la Península fueron llegando, hasta sumar 16.000, liberados, tras la caída de Napoleón, en una mínima parte.

De sus días allí, de sus noches en vela junto

a la única fuente, de la sed y el hambre, siempre a la espera del barco que les llevara medicinas, noticias o provisiones, de las mujeres que les acompañaron, han dejado memoria detallada en sus diarios gentes como el sargento Guillermard, Louis-Joseph Wagré, Henri Ducor o el abate Tusquet, a lo largo de la larga lista de reproches, exigencias o justificaciones. Cada cual, desde su punto de vista de particular, cuenta su historia; mas en lo que todos coinciden, por encima de protestas o rencores, es en el deseo de que tales hechos nunca tuvieran una segunda parte.

Y, sin embargo, aquella historia volvió a repetirse, no sólo una vez más, sino en tantas otras desde Ardensonville, en plena guerra de Secesión americana, hasta el infierno helado de Treblinka o Auschwitz.

Medio siglo más tarde, Cabrera y sus barrancos desolados eran sólo un recuerdo para los viajeros románticos que, como Davillier y Gustavo Doré buscaban en España un solar pintoresco vecino y a la vez lejano de su París, gala y espejo de una época. Para los españoles, vencedores y a la postre vencidos, se inició, en cambio, un calvario riguroso, ajeno al destino de Europa. Perdido su anterior protagonismo histórico, quedaron fuera del concierto de las demás naciones, pagando, más que la misma Francia, los errores de Napoleón. Empeñados en continuas contiendas fratricidas, aún no parecen haber entendido del todo que si el sueño de la razón engendra monstruos, la razón sin sueños es el postrer camino para salvar de la muerte a un país empeñado en una perpetua guerra civil, que aún no sabemos cuánto durará.

ES GRANDE SER JOVEN

El día en que cierta bebida refrescante y multinacional descubrió en los jóvenes un mercado potencial, gracias al cual exprimir un poco más el ya sufrido bolsillo de los padres, cambió definitivamente la imagen de aquéllos, al compás de la publicidad moderna recién nacida entonces. De aquel tiempo hasta hoy, cine, carteles, imágenes y rótulos teñidos de colores entonan el cántico de esa efímera edad, bebiendo, amando, gozando, en un mundo especial, lejos de viejos y mediocres.

A un aluvión demográfico parece que corresponde otro masivo de total protagonismo; así aparecen curas jóvenes, jóvenes agricultores, jóvenes médicos, jóvenes arquitectos, encuadrados en sus respectivas asociaciones.

Aparte de la edad, diferencia evidente, ¿qué será aquello que distingue a un joven agricultor de un campesino añejo, a un canoso doctor de un abogado joven? Se dirá: una actitud ante el dolor o la muerte, tal vez su modo de entender la vida. Así el mundo aparece dividido en dos bandos irreconciliables: jóvenes y viejos, vivos y muertos, activos y matusas. Parece como si el menos favorecido hubiera nacido anciano ya, maduro y decadente. Debe tratarse de un retorno a aquella búsqueda afanosa de la fuente de la perenne juventud en un siglo en que morían a temprana edad los elegidos de los dioses.

Tal sucedió con Garcilaso, quebrado por la muerte en su momento justo, no malogrado como tanto se dice, así Jorge Manrique ante los muros de Garcimuñoz o el doncel de Sigüenza frente a los de Granada, tras de haber reunido la carrera de las artes y las armas. Sin embargo, los tres gozaron de rango preeminente por su linaje o casa. De los otros, del pueblo llano, ¿qué se hizo? Sus justas y torneos de hiel y pan, sus paramentos y brocados, de hambre rancia y miseria secular. Seguramente murieron también jóvenes sin alcanzar la edad dorada cantada por Cervantes.

Ni aun el famoso manco consiguió alcanzarla porque a pesar de sus batallas en el mar de la guerra y en la tierra de la temible burocracia, en las cárceles de la necesidad y en las prisiones de los olvidos habituales, cuando quiso comenzar a vivir, ya estaba enfermo y solo. Lope le hacía viejo, más que la enfermedad, los golpes y los años. Y a Lope, que no había librado batallas verdaderas sino alborotos de alcoba con su secuela de destierros, a su vez le enterraría con parecidas armas su hija huida o raptada.

Así el eterno enfrentamiento siguió siglo tras siglo, hasta venir a dar, ya cercano a nosotros, con la cuestión conocida de Larra y su sobrino. Aquel sobrino pedante que quería serlo todo, ganarlo todo sin estar preparado para nada, representaba para el escritor cierto sector de juventud urbana que ansiaba conquistar en un instante lo que otros aprendieron a costa de gozar y sufrir.

A tal sobrino se le antojaba de pronto ser actor y allá se presentaba ante su tío. «Soy joven», anunciaba como pliego de méritos. Luego venía aquello de «¿Cómo? ¿Se necesita saber algo par ser actor?» preludio de su ignorancia de gramática, autores clásicos, educación, modales y usos, de todo en suma salvo hablar a la moda, intrigar o improvisar comedias para amigos. Otras veces el tal sobrino se descubría periodista y allí estaba de nuevo, entre zaino y torcido, o bien llegaba a enamorarse para casarse pronto y mal con ceremonia y gran traca final a base de cuernos mutuos, suicidio doble, carta al juez y feroz pistoletazo. «De estos niños vive Madrid logrado —concluía el escritor—, y de viejos tan frágiles como ellos, porque en la misma escuela se han criado.»

Mas a pesar de unirlos a la postre es curiosa su saña con los jóvenes. Aunque en su galería particular hay burlas. De todos modos, por ironías de la vida, su muerte súbita y su entierro memorable sirvieron para alumbrar la pluma de uno de aquellos que bien pudo acompañar al famoso sobrino cuando le visitaba con sus proyectos y cuitas laborales.

Aquel tiempo ya casi anuncia otro, aquel que Stefan Zweig describe y analiza, una época en la que vida y apariencia giraban en torno a la llamada gente de edad. Médicos, abogados, profesores, si querían hacerse respetar, debían de esconderse tras de doctos lentes o espesos bosques capilares. Una mirada grave o un silencio imponente daban mayor valor a una receta que el diploma enmarcado, colgado en la pared.

Y de pronto, en un día, todo cambió, barrido por un viento nuevo venido del otro lado del Atlántico. Como el cine y el tenis o el charlestón, como la americana capaz de igualar rangos y edades, todo el mundo quiso ser joven o aparentarlo al menos. Vino de nuevo un forcejeo, un enfrentarse entre mitos y edades, hasta que una guerra, esta vez total, igualó definitivamente a jóvenes y viejos en la fosa común de la catástrofe.

Hoy, descartados unos, inquietos otros, se suelen preguntar éstos si verdaderamente ese mundo feliz que anuncian será tan grande como dicen los carteles. Los de arriba, los de siempre, aseguran que sí, que ser joven es grande, los de abajo, los de siempre también, afirmaban hace días: «Hemos perdido la esperanza de tener algún día esperanza». Frase digna de Larra, escrita por un colega anónimo, especialista en pintadas.

VIGÍAS EN LA NOCHE

Apenas el sol se esconde cuando ya calles, caminos y jardines aparecen desiertos tras la marea cotidiana; la vida empieza sobre los tejados, en sus bosques de antenas apretadas. Las hay de toda índole: rectas, sencillas, cóncavas, parabólicas, semejantes a parrillas dispuestas a recibir las bandadas de pájaros que preparan su largo viaje del otoño. Otras se miran, complementan o envidian, pugnando por un lugar mejor cara al alud de invisibles mensajes que les llega desde los cuatro puntos cardinales. Vienen a ser el extremo sensible, los ojos en la noche de los aficionados a la televisión. Aquellos que, en Italia al menos, quieren gozar de tal invento plenamente se han hecho instalar en azoteas, ventanas o balcones el último adelanto: un brazo que gira a voluntad según la vocación, capricho o necesidad de quien desde su hogar lo maneja. Hay en estas secretas maniobras un placer hasta hace poco reservado a los radioaficionados, al que se añade el aliciente de lo celado o prohibido, a partir de ciertas horas de la noche.

Si usted vive en el norte de Italia y posee tal novedad, además de un receptor normal, tiene al alcance de su dedo y su mano nada menos que

35 canales entre privados y oficiales. Dicen —y no hay razón para dudarlo— que en todo el país funcionan unos cien. En el norte, usted dispone, además de los nacionales y privados, de los que llegan desde Francia, Montecarlo, Suiza o Yugoslavia, a los que es preciso añadir el Telepace, cuyo telediario corre a cargo de un clérigo que presenta a menudo filmes más o menos parroquiales. Aparte de noticias, transmisiones deportivas y algún que otro acontecimiento cultural tímidamente reseñado, los espacios mejores, sobre todo en verano, se dedican al cine. Un aluvión de historias olvidadas, de rostros muertos ya, de mensajes efímeros nacen y mueren entre concursos y *rockeros* disputándose un tiempo que en su mayoría no fueron capaces de ganar cuando nacieron. De cuando en cuando Shakespeare, Antonioni o Capra vienen a echar una mano a Macario, Totó y otros artistas populares, pero a la larga el gusto, el interés o la simple necesidad se imponen y vuelven las comedias en las que el sexo aún se anuncia en palabras o situaciones que no suelen llegar más allá del desnudo discreto o la salsa picante. A la tarde, el Oeste lejano o de propia cosecha, la última guerra mundial o el filme histórico en el que gentes y plazas de hoy piden prestados conflictos y pasiones a sus antepasados de otros siglos, tienen lugar de honor en los hogares antes de la cena, hasta alcanzar la hora de la noche.

La última hora resulta, como siempre fue, al menos en teoría, el momento indicado, la hora mejor, la ocasión favorita del amor, y la televisión privada ha tomado buena nota. A partir de las diez de la noche más o menos, cuando según los cálculos, no se sabe si hipócritas o paternales, los menores de edad se hallan en su lecho inocente, las pantallas se animan con abrazos y espasmos, con un tosco decamerón dedicado a toda una generación de ojos y mentes lejanos de tales avatares. Este público de la última hora, cuando el silencio invade los rincones dentro y fuera de casa, viene a ser hermano del que con mayor riesgo y coste frecuentaba anteriormente tantas salas prohibidas por el respeto humano, por el «qué dirán si me ven», convertidas en clubes sólo para hombres.

Ahora, en cambio, la pantalla casera ha igualado ante el sexo las oportunidades. Matrimonios de tercera edad con la complicidad de la penumbra del salón de estar se asoman por primera vez a un volcán intermitente de pasiones que nunca soñaron en sus años más jóvenes. A fin de cuentas, jubilados en su mayoría, no tienen que madrugar ni levantarse al alba para ir a trabajar, estudiar o vivir simplemente; la vida se les va ante el amor fingido que a lo largo del día volverá a nacer dentro y fuera de sí, en la memoria o en las conversaciones. Tales historias donde la carne terrenal se disfraza con las ropas del arte, la etnografía, la cultura o simplemente el devenir que cada día se impone, se anuncian en la prensa, unas veces como prohibidas a los jóvenes, y otras directa y llanamente. Denunciados tales anuncios hace poco, el juez dictó sentencia favorable a la emisora, porque al no depender del erario público, sino de la publicidad, estaba en su derecho de emitir las imágenes que juzgara más del agrado de sus posibles clientes. No así en el caso de las oficiales, financiadas en parte por la Administración del Estado.

Así, el sexo y publicidad señorean los hogares. El sexo porque, tal como sucede en el cine, sigue siendo el mejor reclamo para el espectador, y la publicidad, omnipresente por motivos que no es preciso explicar, pero que llegan a presentar anuncios de productos contra la calvicie sobreimpresionados en escenas de *Hamlet*.

Las cadenas más o menos importantes se disputan, cada cual a su modo, venal o legal, la atención de los clientes. Las unas interfieren a las otras, a veces sin querer, a veces adrede, borrándose o estorbándose, en tanto el dedo trémulo del espectador intenta abrirse paso en un océano de imágenes ayudado por el timón de su antena giratoria.

¿Cómo poner un poco de orden en tal laberinto? ¿Obligar a los menores a meterse en la cama con los ojos cerrados en cuanto el sol se pone? ¿Poner coto a la libertad de expresión, distinguiendo entre salas públicas y hogares? ¿Intentar hermanar publicidad e información? Nadie lo sabe; nadie, al menos, ha conseguido hasta ahora poner remedio a ello; mas ahora que en España se anda intentando ponerse al día por caminos similares, ya trillados fuera de ella, es de esperar que aquellos que van a llevar a cabo tal hazaña se informen antes tomando buena nota de precedentes bien próximos en el tiempo y en el espacio.

Pues la televisión, por encima de sus reglas o valores políticos, administrativos, técnicos o económicos, es sobre todo el medio más importante conocido hasta hoy de formar y también de deformar a un país, más que lo fueron en su día el libro, el teatro o el cine, multiplicada su eficacia por la índole especial de un público que espera algo así como un nuevo maná que venga a sacarle de su momento actual, a medias entre la confusión y la ignorancia.

EL TREN MÁS VELOZ QUE EL TIEMPO

Cuando el tren arrancó desde su andén de privilegio, en la estación verde de hermanos menos rápidos, su sombra blanca, gris y naranja apuntó hacia el sol como un pájaro de luz desafiante dispuesto a despegar sobre sus rieles. Ministros, consejeros, periodistas, apenas supieron que el viaje se iniciaba, tan suave fue su singladura más allá del bosque de cables y semáforos, sin murmullo de ruedas ni chirrido de muelles, sin vibración alguna en los vagones, unidos todos en un cuerpo compacto y a la vez transparente.

En su interior silencioso, sellado, donde el aliento tibio del aire artificial servía de fondo a las conversaciones, pronto se descorcharon las primeras botellas de champán a los compases de una música escondida.

Según el convoy iba ganando velocidad, una voz femenina iba cantando números y cifras, sonoros records, nombres de ciudades apenas entrevistas y ya dejadas atrás antes de que la próxima llegara más allá de los ventanales. Poco a poco —según escribían los enviados especiales—, el paisaje, la realidad en torno, se fueron transformando, convertidas las flores en leves manchas rojas, los bosques en una gran barrera gris, los pueblos en una sombra verdinegra bajo el sol amarillo de aquel verano en Francia.

Cuando el representante del gobierno anunció solemne que los ferrocarriles, considerados hasta entonces superados como medio de transporte, se hallaban desde aquel momento en condiciones de tomar una dulce revancha desafiando a los jets más veloces, un viento de satisfacción estremeció a los viajeros y en especial a ingenieros y técnicos. Ante sus ojos atentos a las cifras iban saltando nuevas cotas alcanzadas por aquel tren, el más veloz del mundo, que paulatinamente iba ganando tiempo al tiempo, intentando no sólo alcanzarlo sino dejarlo atrás como tantos rostros atónitos y ciudades ancladas al pie de las colinas y los álamos.

Atrás quedaban, borrados en la trasera de cristales, andenes y depósitos viejos ya, testigos y recuerdo de años borrados por el correr de aquel sólido dardo color naranja y blanco, lanzado sobre los verdes prados igual que un desafío de orgullo nacional y cálculo. Su paso —apenas un zumbido presentido y al instante olvidado—, era un continuo deslizarse sobre las vías soldadas y pulidas que iban abriendo proyectos parecidos a futuros tramos. Pronto ciudades de provincia, villas remotas y mercados centrales quedarían unidos por convoyes como él, por una red tupida que acabaría comunicando, más allá de fronteras y controles, pueblos y razas diferentes. Se exportarían más allá de los mares y con su gasto escaso y su espléndida eficacia, una nueva edad de oro volvería para el ferrocarril dueño y señor de los espacios terrenales.

Así, entre el champán y el paté y otras muchas delicias gastronómicas, los viajeros se fueron olvidando de aquel otro laberinto de luces y formas que más allá de las ventanas, una vez más iba cambiando, al paso del convoy acelerado. Cuando de nuevo volvieron los ojos hacia él, descubrieron de pronto al lado de los bruñidos rieles una estación vacía sin terminar aún. Ninguno se llegó a inquietar. Después de todo, el tren más veloz del mundo, maldito si las necesitaba; sólo exigía un andén para partir y otro para llegar. Sin embargo, tras de algunos instantes, salvado un puñado de kilómetros, una segunda se recortó esta vez en obras, con los muros y las vigas al aire. Alguno preguntó la razón de aquellas demoras pero esta vez el rumor de los altavoces escondidos no supo qué contestar. Sólo la música llenó el silencio de la duda en tanto los viajeros se revolvían inquietos en sus mullidos butacones, viendo cómo el convoy se aceleraba aún más como a punto de volar. Fuera cambiaba el campo; entre ríos y montes, las villas menguaban, se amontonaban en lo alto de los cerros, en torno de castillos y murallas. Las carreteras y autopistas se tornaban senderos, caminos de herradura, los automóviles desaparecían; tan sólo alguna nube de polvo anunciaba pesadas carretas en tanto la llanura se poblaba de espesos bosques y rebaños blancos. Entonces, los viajeros comprendieron que aquello que la voz del convoy prometía era sólo una parte mezquina de la gran verdad. Aquel tren no era sólo el más veloz del mundo, sino más rápido que el tiempo al que ganaba y vencía, dejándolo detrás en busca de un eterno retorno.

Unos a otros se miraron y descubrieron sorprendidos que ya no eran jóvenes, ni siquiera hombres maduros en el medio del camino de la vida. De pronto se descubrían viejos en el espejo de los otros rostros. Incluso se olvidaron de la razón del viaje ahora que ya, en el exterior, las ciudades habían desaparecido convertidas en un mar de pastos, bajo un cielo de nieve.

Ninguno recordaba el nombre de la estación final porque ya no existía. Con el tiempo vencido, la tierra se borraba como un punto remoto en el vacío del espacio y de los siglos. Nunca más se volvió a saber de los viajeros y el convoy. Técnicos, periodistas y ministros abundaban tanto por acá, en la Tierra, que no se les echó en falta demasiado. El proyecto no llegó a realizarse y aquel primer viaje, como los de tantos otros precursores, quedó archivado en la carpeta intemporal de los asuntos vanos y los trenes perdidos.

GENTE DE PINCEL Y PLUMA

LA ESTATUA OLVIDADA

Hace años, aún se hallaba en la planta baja del museo, al amparo de una de las ventanas que dan a espaldas de Velázquez. Ni el museo, ni el paseo del que toma su nombre, se hallaban tan congestionados como ahora, pero aún así, la estatua sólo podía ver una teoría de barrotes mal pintados, troncos solemnes y la calle de Francos por donde un día huyó en busca del amor la hija de Lope.

Cara al mundo y de espaldas a la vida dejaba pasar su horas sin mirar y a la vez sin ser vista, pues por raro que parezca, no era un mármol dispuesto para ser contemplado, al menos en su totalidad; para conseguirlo se precisaba una complicada estrategia.

La estatua, hora es ya de decirlo, no era uno de esos desnudos habituales que, aunque no muy numerosos, cubrieron siempre huecos y hornacinas en el Prado, sino un hermafrodita, es decir, un bisexual. Eran aquellos, malos tiempos para desnudos de toda índole. Era la época de la caza de brujas amorosas en los parques y cines, en las pantallas y patios de butacas, días de bañador terrible hasta la media pierna, cuya fabricación atribuyó la voz popular al tradicional afán mercantil de cierta orden religiosa. Quizá en esta gavilla de rumores vino también aquel de que en el museo iba a crearse una sala especial dedicada al desnudo, con entrada prohibida a personas no formadas. Hoy todo esto parece inverosímil, mas por entonces y a golpe de rumor, vinieron realidades mucho más peregrinas. Hubiera sido una experiencia insólita y puede que fecunda, comparar entre los mismos muros, prohibidos, se supone, a la gran mayoría, los secretos pecados de El Bosco con el erotismo gozoso y familiar de Rubens, su amor fofo y rosado del *todo queda en casa*, con las inquietas sombras asexuadas cuyo eros cerebral presidía las más íntimas habitaciones del rey Felipe en su lejano retiro de la sierra.

Quizá la estatua hubiera ido a parar a esa especie de templo del amor creado para salvar las almas, ya que ninguna, en opinión de Winckelmann, hubiera explicado mejor la belleza concreta de los cuerpos.

Como es sabido, el creador de la moderna arqueología soñaba desde pequeño con dedicar sus días al estudio del arte clásico. Para ello no dudó en convertirse al catolicismo y una vez en Roma, a mediados del siglo XVIII, pudo conocer las más importantes colecciones reunidas hasta entonces. No sólo se dedicó a la pura teoría; él mismo tomó parte en las excavaciones llevadas a cabo y que habrían de culminar con la vuelta a la luz de Herculano y Pompeya. Como Hauser afirma: «La aspiración de Winckelmann a la clara, pura, simple línea, a la regularidad y a la disciplina, es ante todo una protesta contra el vacío virtuosismo del *Rococó* que hoy se considera vil y degenerado, morboso y contra natural».

Pero la admiración de Winckelmann por el arte clásico iba más allá de la clara y simple línea, su entusiasmo se centraba, ante todo, en la belleza del cuerpo humano y aún más concretamente en la del cuerpo masculino. Así sus cartas, donde se incluyen entusiastas referencias a Eros, Apolos y Hermafroditas, elogian, con fervor también, la belleza de los jóvenes sicilianos. La sutil relación entre arte y vida, entre lo vivo y lo pintado, el paso de la pura admiración estética a otros tipos de satisfacción sexual, se halla patente en su correspondencia.

Su destino, es decir, su deseo sublimado, le llevaba más allá de su mundo de mármoles, hacia un final que tal vez imaginaba. El caso es que su salto desde el arte a la vida y de la vida a la muerte presentida, quizá para cumplir en todo con las reglas del drama, llegó finalmente, tras la postrer visita a su país natal, en el viaje de vuelta a Roma, donde debía culminar su amplia cosecha de cargos, títulos y honores. Ya la vida, su perfil verdadero, le debía salir al encuentro más allá de sus sueños clásicos y sus bosques de estatuas; quizá su misma pasión por ellas llevaba en sí la semilla de su muerte; así a la vuelta de Alemania, se detuvo en Trieste, donde conoció a un joven amigo más. Su empecinado amor por la belleza antigua se había transformado, en sus últimos años, en una perentoria necesidad de compañía. Ante aquel muchacho, a lo largo de paseos nocturnos y discretas cenas en su cuarto, comenzó a desplegar sus galas, adornando su persona de cierto aire que se le debía antojar misterioso.

En la eterna espiral del amor real y el amor representado, nadie sabrá decir, aludiendo a este caso como tantos, cuál fue primero, si el real, tal vez nacido ya en la adolescencia orientando su vocación, o si por el contrario, vino más tarde, a la sombra del arte de Herculano y Pompeya. Nadie sabrá decirnos si ese modo de ver el mundo antiguo, noble, bello y ambiguo a la vez, nos fue revelado gracias a una vinculación profunda salida a la luz antes o después de su llegada a la Ciudad Eterna. Pues de entre sus ruinas, de la penumbra secreta de tantas colecciones particulares, a lo largo de esculturas y mosaicos, surgen aún hoy lejanos cantos de placeres prohibidos que se diría pugnan por volver a la vida.

A la puerta de uno de estos museos, acotado, ordenado por el mismo Winckelmann, podemos contemplar su rostro. Es un busto de bronce que representa a un hombre de edad madura ya y mirada perdida. Nadie sabe qué piensa, qué ve más allá de los muros de ese gran palacio donde el príncipe de Torlonia da hoy cobijo a sus tesoros. Tal vez su deseado, sensual Mediterráneo, no su Prusia natal, envuelta entre las brumas. Quien quiera averiguarlo puede leer el análisis a él recientemente dedicado por Gustav Bychowski. En cuanto a nuestra estatua, es inútil buscarla donde estuvo. Los museos suelen hallarse, como el mundo en torno, en mutación perpetua y así, el hermafrodita ha sido trasladado, según parece, a la planta tercera, la de las artes olvidadas y los pasos perdidos. Es inútil intentar dar con ella.

No hay entrada porque el público no va; cosa lógica, porque acostumbra a estar cerrada. Si algún día este círculo vicioso se rompe, más allá de presupuestos y razones, falta de personal y erario, podremos contemplar otra vez este símbolo antaño olvidado y hoy vuelto a poner de actualidad en este tiempo de Bernardas Albas masculinas, de criadas-criados, de actrices que son reyes, de unisexo, travestis y *Gay power*.

LEONARDO EN BICICLETA

Según dicen la bicicleta vuelve. La cultura del ocio necesita de un deporte sano, al alcance de todos; los ecólogos cantan sus excelencias en versos que suelen ser jornadas de protesta; el tráfico la impone; los médicos, a su vez, la recomiendan. Símbolo y manifiesto de la eterna alianza entre lo simple y lo útil, virtudes a las que hay que añadir su discreto silencio, la bicicleta vuelve, no ya como recompensa de éxitos infantiles, sino como juego de adultos, como salud del cuerpo y el espíritu, como punta de lanza al servicio de la Naturaleza.

Como todo lo elemental, su perfil no demasiado armonioso ha resistido los embates de muy diversas modas; como todo lo elemental, su invención se la atribuyen diversas culturas, que no supieron sacarle partido en sus comienzos.

Hay inventos como el ferrocarril, el auto, el cine o el teléfono que, aun antes de nacer, se hallaban en la mente de todos. Una larga paciencia cuando no un golpe de suerte hicieron que su nombre quedara ligado al de quien acertó a darles forma. Así surgió el modo de hacer más cómodos los viajes, de retratar al hombre más rápido y barato, escuchar sus palabras a lo lejos o verle en pie mucho tiempo después de su muerte. Pero en el caso del ingenio de dos ruedas no fue así. Nació —hoy día lo sabemos—, casi tres siglos antes de que nuevas formas de vida lo acabaran imponiendo. No lo inventó la necesidad inmediata sino el capricho que en los genios supone a veces anticiparse al curso de su época.

Hoy sabemos que la primera imagen de este mito universal, a la vez instrumento de trabajo y solaz de vacaciones, aparece ante los ojos perplejos de los eruditos, hará unos diez años, escondido en las páginas de un códice de Leonardo da Vinci. Allí, como quien dice en un rincón, alguien había dibujado aquella novedad copiando los proyectos del maestro toscano. Ese alguien era un niño, capaz de adivinar tal vez lo que tantos otros mayores, Leonardo incluido, no supieron leer ni en el precoz boceto, ni en dibujos posteriores. Pues es el caso que tras aquel descubrimiento salieron a la luz los no menos famosos códices de la Biblioteca Nacional de Madrid, en los que aparecía una cadena de eslabones capaces de mover un piñón mecánico con su juego de pedales. Unos y otros dibujos complementándose, anticipaban nuestra bicicleta tal como la conocemos o usamos.

Mala cosa adelantarse a los contemporáneos, mala suerte la de los precursores que ni siquiera se ven reconocidos, no en sus hallazgos importantes sino en sus instantes de luz menores. Gran cosa hubiera sido ver cruzar a Leonardo sobre su inverosímil caballo de dos ruedas rumbo a Santa María de Gracia, presto a acabar su magnífico cenáculo; asistir al pedaleo tenaz de Miguel Ángel, terrible sobre el manillar, él, tan desmesurado en todo, ver deslizarse al sensible Rafael, tan perfecto y fugaz como los elegidos, camino de Roma, gran posada y alivio final de pintores famosos. Pero el Destino del invento quiso que se quedara en lo que tantos otros: en poco menos que unos trazos borrosos, pasto tardío de eruditos ávidos, sacados a la luz ya demasiado tarde.

Todo estaba en Leonardo. Como sabemos nada en el universo le era ajeno; ni en la materia, ni en el arte ni en el cuerpo humano, ni en el mar ni en el aire. El proyecto durmió el sueño de los siglos hasta que un día, a finales del XIX, volvió a ser inventado en un mundo más propicio a tales novedades, empujado por el ciclón de los snobs, los avances de una técnica incipiente y el aliento de unos cuantos deportistas. Mas en contra de lo que se esperaba, a medida que su fama crecía, lo que Leonardo y el conde de Sivrac inventaron como recreo de aristócratas, se acabó convirtiendo en caballo de los pobres. No en balde todavía las ciudades se alzaban todavía a la medida del hombre unidas entre sí por desiertas carreteras. Desde entonces a hoy, su historia es la de unos cuantos apellidos contemporáneos y famosos: Dunlop y Michelin, y una serie de competiciones en las que se arañaba unos cuantos minutos a intentos anteriores.

La bicicleta como medio de locomoción proletario tuvo su cenit en los finales de la última guerra mundial. No en balde su obra maestra es un drama en el que un hombre se convierte en ladrón para salvar a los suyos de su propia miseria. Más tarde, ganada Europa para el modesto lujo del utilitario, la suerte de las dos ruedas parecía definitivamente sentenciada, pero el auto es un animal que como todos los de su especie lleva en su misma entraña la razón de su muerte. Concebidos por el capital para el consumo, cada vez más fuertes, más caros y mayores, ya se anuncia su extinción por falta de espacio.

En cambio a su modesto rival, por paradoja, se le augura un porvenir feliz, aunque tal vez en esto, como en tantas cosas, también los entendidos exageren. La verdad es que quienes hoy la disfrutan no son los chicos sino los mayores. Los más jóvenes la rechazan en esta época de viajes espaciales. La bicicleta hoy se ha convertido en oficio de otra edad. En tal sentido, hace tiempo que perdió cuanto tenía de espontáneo. Aunque tampoco es cosa de lamentarse. Después de todo siempre resultará reconfortante, en estos años contraculturales, hallar en el ojo del huracán este trasto feliz y universal· que, desde China a Holanda, lleva en su anatomía desproporcionada el sello de quien lo proyectó posiblemente en un momento de ocio, en un estudio abarrotado de pinceles, rodeado de admiradores sabios y discípulos niños.

EL GRIEGO

Griego solían llamarle sus amigos españoles, entre otros Hortensio Félix Paravicino, en los cuatro famosos sonetos que en su vida y su muerte le dedica. Griego y no Domenico, Creta le dio vida y pinceles, y Toledo mejor patria en España, adonde vuelve ahora, no en busca de mecenas o trabajo sino al amparo de sus obras. Aunque quizá no fuera la búsqueda de unos cuantos ducados con los que pagar casa, ajuar, músicos y comida la razón de su venida a España, al Escorial en busca del favor de un rey al que servir a lo largo de su vida. La verdadera causa de su arribada a Toledo, más allá de los motivos que aún discuten sus exegetas, bien puede rastrearse hoy en aquel peregrinar constante a través de la pintura de entonces, desde Tiziano al Tintoretto, desde Venecia a Roma, de Rafael a Miguel Ángel. De ciudad en ciudad, de taller en taller, con haber tantos en la Italia de su siglo, en ninguno llegará a encontrar la clave genuina de su arte. A fin de cuentas, fue una gran suerte que el rey repudiara sus santos por no despertar devoción, sino admiración, por hablar más a la mente que al corazón de los fieles.

¿Qué hubiera hecho este Griego gozador de la

vida y tan amigo de la Iglesia a ratos, orgulloso y fantástico entre tanto mediocre afanado en ejercer su artesanía manchando de color muros apenas rematados? ¿Cómo podría haber llegado a trabajar bajo la atenta mirada del monarca? ¿Cómo vivir aquella vida, mitad escuela, mitad campamento, mitad claustro, a los pies del sombrío Guadarrama? Apenas llegado de Venecia, Madrid, reciente capital, debió de parecerle una regia y desbaratada oficina, espejo repetido de muchas obras y estilos conocidos y rechazados antes. Si el mismo Tiziano no llegó a calar en él más allá de su técnica y oficio, menos serían capaces de colmar su vocación todos aquellos colegas que en sucesivos viajes, a la inversa, marchaban a Italia para ver y aprender aquello que para el Griego era ya lección sabida de antemano.

Pues si aquellos templos y palacios de Toledo, si su famosa catedral llamaban la atención de los viajeros contemporáneos, su pintura, en cambio, parecía a la espera de una mano capaz de sacarla a la luz desde el fondo de sus atardeceres, la imagen de sus caballeros o el ademán pensativo de sus apostolados. Todo ello debió entenderlo bien el pintor forastero contemplando en lo alto la mole inmóvil del Alcázar, navegando en sus mares de nubes o sus pies las aceñas y ribazos en esas horas en que el calor se alza del agua cubriendo canales rotos y detritos cárdenos.

Así llegó a asentarse en la ciudad, polvo de un mismo polvo en los estíos, luz de su propia luz, que desde la agonía de sus lienzos mira a un mundo remoto y a la vez cercano, pues este Griego riguroso, contemporáneo de Cervantes, conocerá en su tiempo de gloria y soledad no los días mejores de la hasta entonces activa capital, sino una vieja ciudad vacía de sus linajes principales. Lo que el recién llegado verá en torno no es aquella gran república dejada atrás, mirando a una laguna donde el comercio medra y reina al amparo de aduanas y arsenales. Aquí, a sus pies, que nunca más volverán a recorrer los caminos de Roma, sólo domina la hoz del río con su gran mole de granito poblada de espadañas y cipreses, de jardines cerrados en los que las cigarras cantan en cuanto que el verano templa un poco el cristal adormecido de sus alas. En torno a tanta grandeza todavía en pie, junto a unos cuantos nombres que abren de par en par el mejor siglo de las letras de España, una nube de clérigos y estudiantes busca cómo saciar el hambre en las esquinas. Marcharon los nobles; calles enteras de trabajo y pan enmudecieron o se alzaron de nuevo convertidas en garitos, tabernas y corrales de comedias. Las monjas pobres mueren de hambre, sin hallar trabajo al que dedicar sus horas, en tanto el arzobispo y las iglesias acaparan las rentas de los campos. Un viento de desengaño y de miseria sube del Tajo hasta Zocodover, donde los toledanos andan vestidos aún de golilla y de seda, pues no hay ciudad en España en donde procesiones y concursos resulten más lucidos, ni donde se cierren tantas mansiones por carecer de fortuna con qué mantenerlas.

Tal es el escenario que no asoma a los cuadros del Griego, la cara oculta de esta luna de Toledo, lo que hay detrás de las famosas actitudes de sus retratos, de una ciudad ensimismada entre nubes sombrías, bajo cielos violeta. Todo ello y un modo de afrontar la vida, de enfrentarse con la muerte que poco a poco en pinceladas y en colores insólitos, va extendiéndose por la tupida red de conventos castellanos, mística a ratos, a ras de tierra a veces en tanto que su autor, reconocido y solitario, agota lo universal en lo particular, en su modo de concebir la religión del arte.

Ahora en esta segunda venida a España, como pintor reconocido al fin, vuelve a la luz que le dio vida; pues este Griego, como alguien asegura, «nunca será bueno ni malo en sí, sino la estela que dejó a su paso un alma trastornada por la angustia de querer decir esas cosas infinitas que jamás pueden decirse», que quedarán —es preciso añadir— perdidas para siempre en la penumbra.

PRIMAVERA EN CASTILLA

Con los postreros días de marzo, la primavera llega como todos los años desde las cumbres de la sierra cubiertas de nevados pinares. Más al Sur desde lo alto del cerro de Hita que da a la villa nombre y jerarquía, Juan Ruiz, su famoso arcipreste, ve el camino revuelto de la Historia en una época parecida a la nuestra. Como en todo tiempo de cambio y transición, un nuevo protagonista define su improvisada trayectoria; una burguesía naciente da sentido y color a las viejas ciudades y a los caminos nuevos. Una moral pragmática, la habilidad para el trueque y el cambio o la pasión por los jugosos dividendos, toma forma de contratos y letras de cambio que proporcionan pingües intereses. Frente a los viejos valores tradicionales, a una fe y una esperanza en el más allá que parecían eternas, un afán de vivir invade a las gentes ahora.

La tierra —piensa el Arcipreste, atenta la mirada sobre los cielos apretados— no es ya valle de lágrimas, umbral de otra existencia, sino rincón donde gozar en compañía un buen amor hasta llegar a viejos. Moros, cristianos y judíos se reparten no sólo beneficios de florecientes mercados, sino la aventura de un arte a ras de tierra, vivo como la voz del viento llamando quedo bajo los soportales. El antiguo ideal de caballero lleva camino de borrarse; una nueva mujer, compañera y amiga, baja del trono de sus cárceles doradas convertidas en cortes de amor por los versos de los nuevos juglares.

Desde su cerro solitario un viento tibio a la par que jocoso, a medias entre la fe y el gozo sopla entre caminos y rediles un castellano rudo y monocorde donde el idioma inicia su andadura. De Riofrío a Talavera corre un rumor de músicos ciegos, de canciones sabrosas de estudiantes hambrientos, de cantigas simples. Tiempo de gozo y de piedad, Juan Ruiz sueña a la noche con damas y monjas, inventa fábulas alegres y cuando no se le ocurren, simplemente las copia. Cada uno de sus versos todavía de bronce abre y cierra una nueva edad como los muros de su dorada Alcalá. Más allá de ellos suenan ahora cánticos de otros distintos estudiantes que en la recién alzada Universidad, cumplen turnos de ciencia y letras desde una turbamulta de colegios mayores y menores. Allí escuchan, riñen o escriben doctores futuros, capitanes en ciernes, gente de toga, espada y pluma, conquistadores y hasta futuros navegantes. A fin de cuentas, la recién descubierta América supone multiplicar el mundo no sólo en extensión sino en un afán de saber capaz de revoiucionar las ciencias. Ahora, como las artes giran en torno al hombre, nueva norma y medida de todas las cosas, su imagen aparece por doquier representada, admirada en fachadas y estampas como un pequeño dios que centra el nuevo orden de cosas.

El arte mira hacia un horizonte de mármoles y ruinas: nobles y obispos siembran torres y claustros, vuelve la primavera agitando en los ríos las manos del agua y una nueva época se cumple en la carrera de la Historia. Cada aldea ya tiene su iglesia y castillo de almenas gallardas donde anida el color de los robles; cada castillo tiene su señor, dueño de reses y almas, pero tampoco su poder perdurará; un viento poderoso acabará echando por tierra tiaras, almenas, privilegios que a la postre terminarán en manos de un solo monarca. Política y poder, espada y código irán definitivamente a sus manos; del resto sólo quedará polvo, recuerdos, diezmos y palacios desiertos. El hombre actual ya no es el de Alcalá; ahora no tiene ya frontera que guardar, tan sólo su cuna escogida y su colegio de nobles donde debe aprender desde pequeño el arte de bien navegar por el mar de la Corte.

No en vano lo español invade Europa. Se escribe y habla en español, se es santo en español e incluso se maldice en la lengua de Teresa y Cervantes. Así un día como resumen y a la vez símbolo de todo cuanto el imperio arrastra en cultura y en arte, el rey, señor de cuerpos y almas, da comienzo a su famoso monasterio.

Templo, museo y panteón, el viento helado de los vecinos pinares no es nada ante los sillares donde el hielo anida entre bronces famosos, paisajes de batallas y libros escogidos. Hasta el laberinto de pasillos y patios que abren paso a las habitaciones interiores, llegan de cuando en cuando noticias que son nombres de caudillos rendidos, de flotas hundidas, de países amigos en confines remotos. Un rumor de canteros y poleas pone fiel contrapunto a tales voces con los ecos de su labor interminable interrumpida a lo largo de meses, reanudada después entre pleitos, nuevos proyectos, cambios de arquitectos, o simplemente cada vez que agotan los fondos reales.

La otra vida, la que animaba mercados y villas en los alrededores, alzando en ellos simples decorados, huyó un mal día hacia la capital donde renace bajo toldos al sol, entre rostros pintados y celajes que fingen hinchadas nubes de colores. Desde ella va el monarca de cuando en cuando, a su templo sin concluir aún, a comprobar una vez más si el tiempo será capaz de ganarle la partida por la mano. Arriba, en lo alto que todo lo domina, Juan Ruiz surge puntual como en cada primavera. Detiene el paso de su mula y mira el cortejo lento que a sus pies camina. En el bosque aún cubierto de nieve, estrecha contra sí la alforja donde guarda su corazón en versos que son espuma de un tiempo ya lejano. No canta o tañe como entonces; escucha sólo el cortejo que despacio se aleja bajo la luz helada de la luna.

Por el sendero cubierto de encinares donde aun los arroyos son cristales van quedando, hundidas en el lodo, las huellas paralelas de los coches. Tras sus ruedas va perdida la esperanza de un siglo. Delante, un porvenir intenta abrirse paso en las sombras vacías de la noche.

TEATRO REAL

Ya está el palacio en pie, ya se alza por encima de los pardos tejados que lo ciñen. El gran patio, concluido apenas, se ha preparado fingiendo el jardín que aún falta con granados naranjos y macetas. Al fondo, dando la espalda a una espesura que en ocasiones sirve de dorado natural, se abre el teatro cuyo escenario debe llenar con su oficio y rigor el gran Cosme Lotti, creador de complicadas escenografías. El tal Cosme ha venido de su tierra natal arrastrado por el fervor que en el público y la corte despiertan las comedias de fantasía, con su habitual despliegue de montañas y bosques. El texto es lo de menos; lo importante, lo que más llama la atención, son los trajes, la música, la pirotecnia que alumbra, en las noches del Buen Retiro de Madrid, otros palacios aún más costosos que los de adobe.

El salón del teatro, todo pintado de oro, se abre a todos a veces; pero, por lo normal, *El vellocino de oro* o *La conquista de Orán* sólo se representan para invitados reales. Seis grandes cirios sobre enormes candelabros de plata alumbran las hazañas que el rey contempla inmóvil, sin apenas moverse, sólo vivos sus ojos bajo la piel lustrosa y cenicienta. Las infantas, en sus aposentos, más allá de las rejas que a la vez las celan y defienden, escudriñan los bancos cubiertos de tapices, tal vez soñando empresas y aventuras como aquellas que los actores, entre versos, viven. Entre merienda, refrescos y regalos, la jornada dura cinco o seis horas. Allí se escucha a los autores de moda: Rojas, Solís, Mendoza; mas, sobre todo, a Calderón, cuyas obras requieren a veces complicadas mutaciones. Tan sólo él sabe, por encima de tanto prodigio, de tanta caña, pintura y cartón, mantenerse a la vez cerca y lejos de su arte; los otros sólo sirven espectáculos.

De todo ello, ¿qué piensa el autor? Nadie como él ha conseguido a un tiempo el fervor apasionado de la gente de a pie y el favor anticipado de los reyes. Sólo Velázquez, pintor de cámara el mismo año en que él escribe su primera comedia, conocerá tal ascenso fulgurante, mas sus batallas quedarán casi siempre en los salones de palacio. En apariencia, la vida de ambos corre sin graves sobresaltos. La juventud de Calderón, sus duelos, muertes en defensa propia y en la de su hermano, quedaron como leves pecados; luchará dentro y fuera de España; capellán en Toledo y de su majestad, aún tendrá tiempo de reconocer a un hijo elevándole del rango de sobrino.

Dramaturgo oficial, la vida de la corte le conmueve poco. Poco se deja ver más allá de los muros de su casa, que es fácil imaginar parecida a la de Lope. Sus vidas corren, si no parejas, paralelas, consecuencia una de otra, al menos en lo que a libros y pinturas; vendrá a ser, como siempre sucede, paraíso encerrado, solar de soledad, rincón donde se deja a un lado fama que con el tiempo crece, agravios que los días borran. Su más de medio siglo junto al rey y a la vez como monarca de la escena no han hecho sino volver sus sueños más huraños. Encerrado en su torre de ladrillo y orgullo, como el mismo Real Sitio para el que tanto trabajara, es difícil aún hoy sacar a la luz leves destellos de lo que fue su vida verdadera. En el ojo de un huracán de farsas, dioses, fe y honores, sus versos apenas dejan escapar un suspiro en el que asome un corazón partido en dos entre el mundo de Lope y el universo ciego de los símbolos. Razonador en vida, no dejará de serlo cuando su personaje favorito hace sonar en la penumbra de su alcoba su paso quedo y leve. Entonces, en la postrer entrega de su prosa, hallándose «sin más cercado peligro de la vida que la misma vida y en su juicio entero y cabal», pide ser enterrado sin pompa para expiar pasadas vanidades.

Puede que en aquellos momentos de solemne desengaño, frente quién sabe qué culpa, entre la fe y el arte, este príncipe de la duda constante volviera el rostro, ya que no la pluma, hacia la realidad de su definitivo desenlace. Tal vez volvieran entonces aquellos juegos improvisados por encargo de Felipe IV, aquella *Creación del mundo* con un Vélez de Guevara interpretando al Padre Eterno, un Moreto convertido en Abel y el mismo Calderón, joven Adán, para solaz y regocijo de otros tiempos pasados y mejores.

Pero el rey ya no está. El viento de los débiles se lo llevó consigo entre arrepentimientos, dudas y graves sobresaltos. El país, por su parte, tampoco va mejor. La dinastía se agota y, a lo lejos, Luis XIV amenaza como siempre. Pesimismo y desengaño no son palabras ya, sino fechas, nombres. Públicas vanidades y reales tragedias empañan ahora el cielo de Madrid. Hasta los muros de su Buen Retiro llegan las cuentas, impagadas aún, de reveses y glorias, del teatro y del parque, de cómicos, artesanos y pintores. Incluso está en el aire el precio de esa estatua en la que, al otro lado de la modesta puerta, un rey jinete con su cetro en la mano ve pasar a su lado el tedio, el desaliento, el desencanto, el ímpetu frustrado, la fatiga de un reino camino de su fin, más allá de la villa, por las rutas de Europa y los mares de América.

EN TORNO DE UNA PLAZA

Más allá del Puente de Arganda, salvado el «Alto de Morata», entre altivos olivos de viejas cepas y antiguas sendas romanas apenas adivinadas hoy, va el camino de Chinchón. Antes de llegar a la antigua Titulcia romana, lo primero que el viajero encuentra es la finca y mansión de uno de sus más pintorescos personajes.

Víctima de su afición y amor al riesgo en un tiempo de toreros románticos, en Chinchón luchó muchos días entre la vida y la muerte hasta ganar por la mano a la primera. Agradecido al pueblo y a los cuidados de su fonda, andando el tiempo el lidiador Salvador Sánchez Povedano, «Frascuelo», no los borró de su memoria a pesar de que sus bienes aumentaron tanto como su fama en los principales cosos españoles.

Así vino a dar aún más impulso a los festejos de la villa, regalando las vistosas talanqueras o vallas que convierten a su plaza por unos días en balcón taurino y coso singular de España.

Aunque su fama en tal sentido llegara ya entonces lejos, otros nombres vinieron a hacerla más universal si cabe. Fue Marcial Lalanda, gran torero madrileño, quien, desde la vecina capital, inició la tradicional costumbre de celebrar corridas a beneficio del Asilo de Ancianos, viniendo a perpetuar una afición antiguamente arraigada en la que se mezclaron las representaciones de autos sacramentales con corridas de toros llevadas a cabo generalmente de noche a excepción de la del Día de San Roque.

Su plaza, principal monumento de la villa hoy, no siempre sirvió de coso taurino. Sus comienzos fueron más humildes como lugar de arrabal donde se celebraban ferias de ganado. Reconocidos su valor y utilidad, más tarde se cerró al ser autorizado Diego Ortiz de Zárate para que la prolongase veinte pies de largo y cuatro de fondo. Poco después se dio licencia también a los vecinos para abrir ventanas y puertas que dieran paso a procesiones celebrándose ya corridas en honor de reyes, alguno de los cuales vio sacrificar hasta catorce toros.

Y fue también «Frascuelo», aquel que en ella sufrió la primera cornada de su vida, quien instaló una línea de coches que desde Madrid trajo a los primeros viajeros en los días de fiesta.

Mercaderes, vinateros y traficantes de toda suerte de novedades y géneros, fueron poblando tiendas y almacenes en torno de lo que hoy es gran plaza, convirtiéndola en zoco multicolor de casas unidas como buenas hermanas y dominadas todas por la gran mole de la iglesia parroquial. Así aquel cerrado recinto donde tantas veces jugaron cañas, lidiadores y cuadrillas, acabó convirtiéndose en improvisado escenario cinematográfico que conoció los albores del cine español. Destruida su torre principal por los azares de las múltiples guerras que sufriera a lo largo de su historia, su iglesia encierra en cambio una joya del pincel de Goya en su retablo mayor: la Asunción pintada por el genio de Fuendetodos, no se sabe si como testimonio de propia devoción o a petición de su hermano Camilo, párroco de la villa por entonces.

El caso es que, desde su cesión por los Reyes Católicos a Andrés de Cabrera y Beatriz de Bobadilla, en agradecimiento a éstos por su defensa del Alcázar de Segovia, la historia de Chinchón, con su plaza viva y sus murallas silenciosas ahora, es leyenda de madera y castillos cuyos restos aún parecen alzar sus muñones descarnados al cielo.

Así, su actual templo parroquial o el Monasterio de Agustinos trasladado, ya en pleno siglo XVII, al edificio actual, donde se celebraba culto años más tarde. El siglo XIX y su ley de desamortización transformaron el antiguo solar de oración en cárcel y aquellas aulas donde se impartieron lecciones de Teología, Latín y Humanidades, en Juzgados, celdas y oficinas.

Como si un destino trágico fuera marcando en cada siglo la historia viva de esta villa, un nuevo incendio lo había destruido a mediados de los años treinta, respetando sin embargo los muros barrocos de castellano sabor renacentista.

Y una vez más en su convento ilustre, Chinchón ha sobrevivido en su sencilla arquitectura, alzada a medias entre el rigor castellano y las medidas proporciones de su vecina «Casa de Las Cadenas», entre sombras de reyes, fiestas de toros y balcones en los que el sol reverbera convertido en espejo a la caída de la tarde.

Hoy, el viajero que encamine sus pasos bajo

los soportales de la plaza, aún puede recorrer en unos instantes el camino cerrado y peculiar de la historia que desde el fondo de la pupila inmensa de Chinchón le aguarda cada día al compás de las horas.

QUEVEDO A CARA O CRUZ

Hace años, cuando le fue otorgado a Miguel Ángel Asturias el Premio Nobel, respondiendo en París a las preguntas habituales, manifestaba su profunda admiración por Quevedo. Gran confusión. La mayoría de los que le interrogaban apenas conocían al autor del Buscón, todo lo más asociaba vagamente su apellido a nuestro Siglo de Oro, a distancia respetable de Cervantes. Tal ha sido la suerte de los dos, cojo y manco, más conocidos que leídos, por su vida que por sus obras.

Protagonistas en cierta medida de una hora cenital de España en la que se inicia el fin de los fuegos imperiales, uno y otro iluminan la cara y cruz de una misma pasión que une y hermana las letras y las armas. Cervantes mirará siempre hacia la corte de Madrid; Quevedo vive en ella desde niño, a pesar de sus aventuras y sus viajes. Los dos, por motivos bien dispares, conocerán las cárceles del reino y ambos, en fin, a su muerte, verán perdidas sus cenizas en sepulcros anónimos, habitual panteón de nuestros más insignes escritores.

Cara y cruz de una medalla acuñada por encima de la incultura y la desidia, cuando no por la censura de su tiempo, su destino, paralelo en apariencia, se manifestará desde la cuna contrapuesto. Cervantes alcanza las postrimerías del imperio; Quevedo asistirá a su final. Uno será soldado distinguido en Lepanto, otro político a la sombra de intrigas que acabarán con sus huesos en San Marcos y Uclés. Los dos, mal casados y pronto arrepentidos, repartirán su tiempo entre el desengaño y la melancolía. La fama, el reconocimiento del pueblo y de la corte que a Cervantes ha de costar prisiones, empleos ajenos a su voluntad, Quevedo ha de gozarla desde joven.

Quevedo nace cuando Cervantes vuelve a nacer de los Baños de Argel. Por padre y madre viene de la Montaña. En el Madrid actual, aparte de su estatua trashumante, tiene una lápida en un barrio todo sombras amigas, a la vera de Lope y del famoso manco. No lejos, camino de Cuenca, nuevamente su recuerdo sale al paso. «Aquí estuvo preso Quevedo», dicen, y es curioso que en su itinerario personal suenen menos sus versos que sus cárceles. Pues si pasamos a León, uno de los mayores méritos que proclama su colosal fachada, dorado pleamar de medallones, es el de haber servido de prisión al escritor. «Aquí lo tuvo el conde duque de Olivares», y si en Uclés se muestra un laberinto de oscuros corredores, en San Marcos no se llega a tanto, dejando libre a la imaginación.

Porque dejando a un lado procesos y prisiones, es preciso reconocer que la personalidad de este gran español tan elemental como civilizado, tan sencillo como agresivo a la hora de esgrimir sus bilis o sus iras, no ha resultado nunca fácil, en parte por el hombre en sí y en parte porque, a pesar de hallarse siempre en el ojo del huracán mediterráneo, como protagonista y no como comparsa, han quedado una serie de oscuros rincones de su vida por donde se nos escapa. Su relación con el monarca, sus duelos y quebrantos, su humanismo deshumanizado, han sembrado su dolorosa biografía de cifras y claves que ni la erudición, ni los más rigurosos análisis son capaces de interpretar si no es por acumulación de virtudes o maldades. Sólo apurando datos, versos y actitudes puede llegarse a vislumbrar un Quevedo devorador de libros a la hora de la mesa y en las horas tediosas de los viajes. De su cultura viva y total, a muchos codos de la España intelectual en torno, son buena muestra sus obras que tocan cualquier materia entre el cielo y la tierra.

Sus sonetos de amor corren hermanos de aquellos otros sobre la muerte de la patria; su escepticismo final viene a ser un desencanto ante un mundo que siente ajeno, distante. En este sueño donde «cada sombra es enemigo armado», no podían faltar las mujeres. Las llegó a idealizar tanto, las fue creando tan a su medida, que llegó a detestarlas como a su propia imagen.

En vano intentaron encaminar sus pasos al tan temido tálamo nupcial; pero sus pies torcidos y hasta sus propios versos evitaron aquella boda de mortal conveniencia. El duque de Medinaceli tuvo más suerte o le halló más propicio cumplidos los cincuenta. La elegida fue en este caso viuda y señora de Cetina, que sólo consiguió tenerle junto a sí tres meses largos. En su palacio aún se muestra la capilla donde Quevedo inició su prisión del alma. «Aquí fueron las bodas», murmura a media voz el guía como temiendo ver al novio surgir de las tinieblas.

La otra separación definitiva, tan anunciada o deseada, vino a alcanzar al escritor en Villanueva de los Infantes, no lejos de su torre, donde seguramente esperaba su visita:

«Si agradable descanso, paz serena
la muerte en traje de dolor envía,
señas da su desdén de cortesía;
más tiene de caricia que de pena.»

Hace poco aún se mostraba su sillón allí. Era uno de tantos, de madera sobada, clavos pulidos y cuero brillante. Auténtico o no, bien podía imaginarse en él a un Quevedo vencido por los grilletes y los años, meditando sobre Marco Bruto, o recordando a la Ledesma, su amante de siempre, odiando a su enemigo Góngora, cuya casa compró para echarle a la calle a pesar de sus males y sus años.

O quizás nada de ello le importara ya. Ni siquiera aquellos vecinos de la torre nunca dispuestos a pagar y cuyos pleitos a tantos viajes le obligaron. En esa abierta soledad de ruinas, sobre ese polvo que hoy sus huesos toca, Quevedo permanece, en sus versos mejores y en sus horas peores como el feroz cirujano capaz de aplicar el escalpelo a su país, para escribir después, con arrogancia, su «España defendida».

LA CABEZA DE GOYA

Se lo decían de pequeño: «Ante todo, no pierdas la cabeza». Y el chico asentía mientras pintaba iglesias cercanas a su pueblo. Calcular, meditar, medir los pasos antes de decidir camino, plaza o protectores, tal era por entonces su empeño. En lo tocante a vocación pocas dudas tenía. Seguiría el oficio del padre y si el padre se contenta con decorar retablos, él irá más allá dando forma y color a los santos en sus doradas hornacinas hasta alcanzar la Corte.

En ella, en Madrid, es preciso no perder el rumbo y para ello, nada mejor que un matrimonio. Gracias a él conseguirá pintar cartones en la Real Fábrica de Tapices, lo cual no es mal comienzo a poco que se mire.

Desde entonces todo irá grave y medido: retratos, más retratos, ceños y rostros que han de valerle algún que otro peldaño en la escalera de púrpura y mármol que lleva a la antesala de palacio. Cuando su valedor puede valerle de inmediato, no duda de pintarse ante él, en actitud de solícito lacayo. Sólo una vez ha de perder calma y pinceles, herido en su vanidad por sus paisanos, mas ahora que su fama toma cuerpo y abundan los encargos, no es cosa de arrojar por la borda honra y beneficios tan duramente buscados y ganados. Ahora ya ni siquiera es don Francisco el de los toros sino don Francisco el ilustrado, del brazo de Moratín y Jovellanos.

Pero la vida no da tregua. Un día España se divide. Los patriotas luchan contra Napoleón; otros, en cambio, dudan, calculan en cuál de los bandos mejorará su suerte. En tal dilema, donde se juega no sólo los pinceles, sino los años que le quedan, Goya duda a su vez y espera a que el Destino decida por él. Pinta retratos, graba desastres y cuando el rey Fernando vuelve a la capital, abandona palacio rumbo a su quinta vecina del río que irá decorando con negros aquelarres. «No perder la cabeza», recuerda cada noche; y cierto día, ya viejo y sordo, solicita un permiso especial para marchar a Francia, donde le espera la paz definitiva.

Allí recibe sepultura, mas, con el tiempo, su propia tierra le reclama. Se organiza la comisión correspondiente y Goya muerto vuelve al pie del Manzanares. Cuando por fin es abierto el ataúd, ante el asombro general, al cadáver le falta la cabeza. Aquella fábrica de sueños, donde a lo largo de años durmió y vivió el arte de una época, se perdió para siempre. Nadie sabe a dónde fue a parar, si a manos de un venal estudiante de cerebros o las de algún coleccionista de trofeos macabros.

Aunque después de todo, es posible que el pintor, a fuerza de querer guardarla tanto, la olvidara en el desván del más allá, en el rincón perdido de las grandes miserias y los lienzos geniales.

BAROJA EN SU JARDÍN

Ya está Baroja en su jardín, el mismo de Galdós. Así, el Retiro de los Austria se enriquece con los dos más grandes novelistas de los postreros años españoles.

Madrid no ha sido nunca cicatero con los genios. Ahí tenemos a Cervantes sobre su monolito, precedido de don Quijote y Sancho, rodeado de olivos trasplantados. Ahí aparece Lope en su jardín umbrío, en la más bella plaza de la villa; un poco más acá Quevedo trashumante y el mismo Calderón entre gente de trueno, él que en vida se mantuvo tan lejano de bullicios mundanales. Sin embargo faltaba Baroja; sólo tenía en su honor una modesta calle particular, tan breve como alguno de sus cuentos. Del otro Baroja, el de *La lucha por la vida*, nada había, quizás porque los arrabales de Madrid, las calles pintorescas borradas para siempre por la nueva Gran Vía, pasaron a mejor vida, tan buena que de ella nadie regresa, por mucho que se diga.

Valle-Inclán o Azorín sí que estaban en Madrid, el uno paseando, el otro en su jardín particular, cara al río, pero el autor de *La sensualidad pervertida*, perseguido con saña en vida, dejaba pasar su tiempo en esa especie de vago anonimato que en España envuelve la memoria de los muertos modestos. Ahora ya está en pie aquel trío famoso: Valle, Azorín, Baroja, en bronce y a la altura de los suyos.

De Baroja se han dicho muchas cosas y se repiten todavía como de su vecino don Benito: que no sabe escribir, por ejemplo. Curiosa novedad según la cual los que peor juntan palabras son los que más cosas dicen. Pero si bien en toda época hay quien suscita tal tipo de análisis sobrecogedores, el tiempo de Baroja fue bastante distinto del actual, tanto que hasta los escritores solían elogiar a sus rivales. Ya entonces, la cuestión del estilo era añeja por no decir tediosa a fuerza de aquilatar conceptos cuando no prejuicios. Es verdad que Baroja no callaba, en su casa esquina a Capellanes donde Azorín, su amigo, le retrata. Allí en una sala de gutapercha negra, cerca de una consola y un escritorio isabelino, se veía con don Serafín, aficionado al violoncelo, ingeniero notable que, no se sabe por qué razón urbanística, se propuso cierta vez quedarse a solas en la Puerta del Sol, cosa que consiguió con gran dificultad, seguramente porque entonces nadie tenía miedo a salir de noche. También andaban por la casa doña Carmen, alta y fina, atenta y animosa, Carmencita y Ricardo el de *La nao capitana* aguafuerte de mares históricos.

La amistad entre Baroja y Azorín, según el de Monóvar, se mantuvo siempre sincera y apacible, por encima de vientos y avatares; siempre hubo entre los dos afecto y respeto. «Baroja —escribe— era sencillo, franco y sin afectación. Para los adversarios tenía pluma acre, total, definitiva y un especial convencimiento que le restaba enemigos.» «El secreto de Baroja —añade—, es su estilo. No se ha dado en ningún gran escritor español. Los que sistemática y premeditadamente se colocan —en el terreno literario— frente a Baroja, no harán dejación de su prejuicio.» ¿Cómo escribe Baroja? Todos los grandes escritores se forman en un ambiente propio en que se mueven. Con arreglo a ese ambiente hay que juzgar su estilo. La prosa de Baroja es clara, sencilla, sobria. La pureza no tiene nada que hacer con ella. Baroja está cerca de las cosas. Su pureza reside en ese contacto con lo concreto. La propiedad por consiguiente es natural en él. El tiempo es la esencia del estilo. Lo tienen algunos de nuestros escritores clásicos, singularmente Cervantes, en esa maravilla de prólogo a *Persiles y Segismunda*.

Así hablaba Azorín de Baroja, enemigos los dos de Galdós y a la larga, tan vecinos y amigos como ahora en su jardín común. Los dos eran jóvenes y por lo tanto hostiles a la anterior generación que sin embargo trataban de entender. «Los viejos —afirmaba Azorín—, ya de vuelta de casi todas las cosas, saben separar lo sustancial, que siempre es tradición, de los perifollos innovadores que suelen ser cosa de un día.»

Así debía ver el mundo en torno Baroja, en su casa postrera, cerca del Buen Retiro, preludio del otro retiro eterno donde ahora reposa. Así debía contemplar a los demás, en su tertulia asidua, más allá de quimeras y pasiones. Allí vivía, espejo de sí mismo, retrato fiel y paradigma para tantos jóvenes. Así debía pasear con los brazos atrás, a vueltas con sus meditaciones. Citado a media voz, prohibido y censurado, nunca dispuesto a claudicar, no escogió el camino del exilio sino este otro más cercano entre los pinos.

Aquel Baroja inquieto de principios de siglo, a medias entre Balzac y Dostoyevski, testigo de un siglo de España anarquista y romántico, nos mira ahora desde su pedestal, ni sumiso ni viejo, sino vivo, casi altivo y atento, como deben de ser los inmortales. Reconocido incluso en los colegios donde su obra sembraba silencios divididos, debe pensar que el tiempo que todo lo arregla, incluso llegue a remediar un día, el corazón de tantos españoles. Junto a la Cuesta de Moyano, emporio del saber popular y hasta hace poco mercado del placer humilde, vecino a un Observatorio inútil bajo el cielo de un Madrid inescrutable, Pío Baroja, vasco en la villa, médico, panadero, poeta, memoria de su propia memoria, se alza por fin, bufanda al viento, abrigo abierto a medias, al amparo de su boina implacable.

BLASCO IBÁÑEZ EN MENTON

Vicente Blasco Ibáñez es para los franceses de la Costa Azul Blasco simplemente. Así le llama el gendarme encargado del tráfico cuando se le pregunta, a la entrada de Menton, por la «Fontana Rosa», su retiro postrero. Por entonces ya el escritor de *La barraca* y *Cañas y barro* es figura relevante en un lugar de apátridas famosos y rusos exilados que pasean sus ocios y sus melancolías por el paseo de los Ingleses a la espera de tiempos mejores. Cerca de Niza y Montecarlo se retiró un buen día a descansar escribiendo o a gozar de su fortuna atesorada a costa de sus libros peores, en un jardín poblado de azulejos tremendos, azules y rosados.

Allí está Blasco, a punto de iniciar su vuelta al mundo como cualquier profesional triunfante, olvidada su camisa abierta de par en par, hijo adoptivo de la gran madre Francia, mimado por el cine de Hollywood. Allí aparece sentado una mañana de otoño como a sí mismo se describe, dialogando a solas, entre estanques floridos y peces de colores. La muralla roja y gigante de los Alpes Marítimos le defiende de los vientos del Norte, que preguntan: «¿Por qué te marchas? Tu viaje es demasiado rápido. ¿Qué podrás contar?».

Blasco responde en el prólogo del viaje que a ello le lleva cierta curiosidad no del todo ajena a la moda, unida a una especial vanidad que le hace compararse nada menos que con Chateaubriand y Benjamín de Tudela.

Así, días después, se embarca en el «Franconia» y empieza su periplo de escritor triunfante.

En realidad lo era. Solicitado por el cine, reconocido por el gobierno francés, seguido por una corte de lectores, aún hoy, si se repasa cualquier catálogo fuera de España, sólo su nombre, con el de Lorca, aparece a la sombra de los clásicos.

De todo aquello queda o quedaba hasta hace poco un jardín desmochado, unas cuantas glorietas desvaídas y un par de pabellones junto al estudio vacío, desolado. Subiendo desde la carretera principal, la que corre vecina a un Mare Nostrum de yates entoldados, es preciso trepar por senderos sembrados de hoteles modestos donde calientan sus huesos al sol rebaños de ingleses torpes y ateridos.

Los caminos inciertos suelen a veces propiciar encuentros imprevistos. De pronto, surgen al amparo de los pinos unos modestos muros de cartón color ocre rodeados de cipreses. Bien, ya estamos en casa de Blasco. A ambos lados de una sencilla puerta campean dos pulidas placas de bronce bajo una inmaculada balaustrada. Todo está limpio, recién pintado, a punto de recibir al huésped, pero parece poca cosa para un narrador de lujo, viajero de placer, mimado por su siglo. Para salir de dudas basta leer un nombre. No se trata de la «Fontana Rosa». Allí no gozó nadie horas de triunfos memorables. El rótulo dice que en esa casa vivió

177

sus horas dolorosas Katherine Mansfield, cerca de la estación, siempre dispuesta a partir en busca de la fuente de la salud eterna como todos los enfermos incurables.

Marcha atrás otra vez hasta llegar a una senda asfaltada que finalmente se abre ante una entrada inconfundible. Tres retratos azules campean en lo alto. En medio está Cervantes, flanqueado nada menos que por el gran Balzac y el no menos glorioso Dostoyevski. Una leyenda entre rosa y celeste dice: «Fontana Rosa» y para aquel que dude otro friso trilingüe explica al visitante que se halla nada menos que ante «El Jardín de los Novelistas». Dentro, ruina total, al menos así aparecía años atrás; pérgolas vacías, viejos caminos convertidos en sotos, cipreses velados, coronados de rascacielos amenazadores.

Todo lo ve, lo mira en torno el mismo Blasco desde un busto de bronce, alzado sobre su pedestal, cara a su mar Mediterráneo. Desde un par de ventanas entreabiertas alguien acecha o duda antes de abandonar el periódico o la cama. El estudio abandonado, destrozado, parece un cementerio de libros, de retazos de páginas. Viendo, pisando tal ruina intelectual el sorprendido visitante se pregunta qué fue de todo aquel tiempo de esplendor, cómo llegó a su fin tal cúmulo de rosas, muebles, manuscritos y plantas tropicales. Y al punto viene a la memoria esa otra casa que junto al mismo mar, sucumbió a su vez, a orillas de Valencia.

Hoy que, al fin, los herederos del escritor han cedido «La Malvarrosa» a su país, cuando se va a reconstruir alzando ese museo donde irán a parar lo que resta de sus objetos personales, no hay más remedio que preguntarse qué será del rincón de Menton, cercano y a la vez remoto, remate de una vida entre cipreses, iniciada entre naranjas y tartanas. En vida, el novelista declaró cierta vez su propósito de convertirlo en residencia de escritores. Así se las gastaba Blasco Ibáñez. Mas proyectos aparte. ¿Qué será del jardín de los novelistas? ¿Acabaría a la postre vendido, parcelado? ¿De quién dependerá su suerte si es que perdura todavía? Hoy que el nombre de Blasco vuelve a sonar en su país, valdría la pena averiguarlo. Rescatar por lo menos ese busto que mira hacia la costa. Aunque después de todo, mejor se halle en su jardín con la placa de bronce donde Francia recuerda y agradece su devoción por ella. No vaya a ser que por traerlo a España acabe, como su otra cabeza, derribada por tierra. Francia, que siempre fue refugio de libertades y escritores, a buen seguro sabrá guardarlo, más allá de pasajeras famas y olvidos prematuros por encima de fobias y rencores.

TIEMPO DE VINO Y CAZA

En las aguas sombrías de la laguna veneciana, universo de tierra que nace y muere entre islas diminutas, Torcello fue la primera en el tiempo y en el esplendor hoy reducida a tan sólo dos iglesias, unas cuantas familias y un puñado de casas. Y, sin embargo, este olvidado paraíso tuvo en sus tiempos mejores cien iglesias, treinta mil habitantes y llegó a ser reina del comercio marítimo, de la lana y la sal cuando Venecia aún no era «Serenísima».

Hemingway llegó a ella precedido de los clarines de la fama, cruzó bajo «el puente de los puñetazos» donde, siglos atrás, dirimían sus cuestiones los mozos de la villa y debió de pensar que ninguna otra puerta mejor para un antiguo boxeador retirado, casi tan orgulloso de sus victorias pugilísticas como de sus hazañas literarias. Venecia acababa de nombrarle nada menos que caballero de la orden de Malta y a los días en el «Gritti Palace» seguían las noches en el «Harry's bar» entre aristócratas amigos y princesas mundanas. El escritor quedó en Torcello, repartiendo sus horas entre la máquina de escribir y los patos que a ratos todavía aparecen entre bosques de cañas.

En los días helados de noviembre, cuando el sol nace y crece como una aurora roja que hace aún más negro el perfil de las islas, solía subir al campanario de la antigua catedral para pasar revista a sus recuerdos inventados a medias. Cerca nacían del fango troncos muertos de viejos abedules, lejos, el perfil de Fossalta imagen de una guerra vieja ya pero capaz de despertar en él una postrera sensación romántica. Sólo faltaba la pasión, pieza mayor, en un otoño ya vencido del que huyó más al norte, en Latisana.

Entre el revuelto torbellino de hombres cargados de escopetas y capotes, una sola mujer sin ningún interés por la pólvora o las perdices, calada desde el pelo a la cintura, maldecía su suerte harta de la partida prolongada. A punto de cumplir los diecinueve años, su rostro claro y sus ojos color avellana no llamaron demasiado la atención del cazador que en su primer encuentro la describe solamente como una chica bien educada. Y sin embargo, cuenta Carlos Baker, le gustaba su voz oscura y cálida, su ardiente feminidad, su fe católica y hasta el hecho de ser supersticiosa. Y por si fuera poco, como telón de fondo de su retrato veneciano, su familia vivía en un viejo palacio a pocos pasos de la plaza de San Marcos.

La invitó a comer a fin de presentarla a su mujer y ella se presentó con un álbum repleto de dibujos en una de cuyas páginas Hemingway escribió su nombre. Poco después aquella breve firma iría creciendo, folio tras folio, al paso intermitente de su máquina, trasformando a la muchacha en condesa, al propio autor en viejo coronel y al puro platonismo en espasmos de amor sobre los almohadones de una góndola dorada.

Vino el adiós y con él nuevos viajes. La pasión parecía para siempre olvidada pero los escritores como los criminales giran en órbitas cerradas. Hemingway tornó a la isla de Torcello tras una estancia en Nueva York a la que tanto desdeñaba. «No es mi ciudad —solía afirmar—, sólo sirve para llegar o marchar.»

Tornaron los alegres días en la hostería de Cipriani, de nuevo se alzaron sonoras voces incluida la de la madre del rey de Yugoslavia. Allí estaba también la muchacha, esta vez bajo la atenta mirada de la propia esposa.

Aquel invierno nevó sobre Venecia, casi tan fría como el mismo París por donde en franca huida pasó rumbo al *Ile de France* tras despedirse de su joven amiga que no tardó en devolverle la visita en su lejana finca de La Habana. Esta vez la acompañaba su madre. Hubo fiestas, tiro al pichón, aventuras marítimas y despedida final en el puerto donde otro viejo pescador anónimo luchaba por sacar del mar un pez que a la larga se convirtió en Premio Nobel.

Hemingway volvió a Torcello una vez más, convaleciente ahora de su pasión principal, tras un grave accidente de caza. Enmascarada su calvicie, herido en los riñones y la piel convertida en escoria, apenas se detuvo unos días para, entre viaje y viaje, acabar con sus huesos en España.

En su postrero San Fermín, con su pañuelo rojo al cuello y su gorra tendida, sus ojos parecían mirar más que a los mozos vestidos de blanco, hacia un reposo eterno bajo el cielo tan bajo del verano. Se alzaba, bebía, nadaba a la mañana, eterno rey de una corte a su medida para caer rendido luego o dispuesto a seguir su verano sangriento. Era un anciano aún fuerte pero no tan valiente como antaño. Apenas en el aire el avión de Madrid, llevó a sus labios una botella de viaje plateada que, sorbo tras sorbo, dejó vacía antes de aterrizar en Málaga.

Pasó el año siguiente en el oscuro tobogán del ansia de vivir y la sombra constante de la muerte hasta que cierto día se la vino a encontrar. Fue su postrer acto de fe. Tras el disparo, su mujer y un amigo tomaron su fusil de caza y en tanto se preparaban los oficios fúnebres, con la llama de un soplete lo hicieron pedazos enterrándolos luego en el jardín, no se sabe si como ritual de viejos cazadores o dando forma a un deseo de venganza. Pronto llegaron hijos, hermanas y el consabido montón de telegramas y al final encargaron para él una lápida con sus iniciales, tan sólida y maciza como las contraventanas de la iglesia de Torcello que tanto admiraba, talladas en un solo bloque, abiertas sobre la laguna, mirando a un mar que conoció en su día, sus más felices horas de vino, amor y caza.

PICASSO, ENTRE MUSEO Y MUSEO

Ya está el *Guernica* en el Casón del Buen Retiro de Madrid, convertido por arte de magia en Museo del Prado. Según dicen, el autor quiso en vida que su obra más conocida acabara junto a *Las Meninas* o el *Caballero de la mano en el pecho*, entre los bodegones de Zurbarán, los desnudos de Rubens o los sueños que la razón dictaba a Goya en la Quinta del Sordo. La verdad es que si la idea de su propio valor, su huella en otros a lo largo del siglo y cierta vanidad, no del todo entendida, justificaban tal deseo, su propuesta aparece menos clara desde el punto de vista de la historia del arte. Aparte razones políticas, o si se quiere patrióticas, la verdad es que la presencia de su lienzo en la más famosa pinacoteca del mundo, hubiera venido a ser como colgar *Las lanzas* en el actual Museo de Arte Contemporáneo. De todos modos, si el pintor quiso estar rodeado de pinceles inmortales, a la vera del Prado es preciso reconocer que sus deseos no han sido respetados.

El Casón del Buen Retiro, de Madrid, por mucho que se diga y se repita a diario, no es el museo que eligió, al que antecede, día más día menos, en algo más de dos siglos y medio.

El Casón, antiguo salón de fiesta y baile perteneciente al Buen Retiro, ya aparece en el plano de Texeira costando en su tiempo la nada respetable suma de 20.000 ducados. Mas, como todo aquel conjunto de jardines, jaulas para animales más o menos raros, estanques para navegar y teatros, era en sus habitaciones algo cutre y muy de estilo español; es decir, improvisado. Tanto que fue preciso llamar a Lucas Jordán, quien decoró su bóveda con una complicada alegoría de naciones en figura de diosas y dioses. Unas y otros, desde su gloria, pudieron contemplar los diversos destinos que el tiempo asignó a sus dominios. Vieron los restos de Amalia de Sajonia, mujer del mejor alcalde de Madrid, más tarde el interior convertido en Senado, a don Amadeo de Saboya inaugurando su exposición artística y comercial y, finalmente, las esculturas y relieves clásicos de que llenó sus salas Antonio Cánovas tras convertirlo en Museo de Reproducciones Artísticas.

Es fácil comprender, por tanto, que donde Picasso quería estar no era allí, entre polvo y escayola, sino en el museo auténtico, un poco más abajo, en el solemne edificio proyectado, como se sabe, para Academia de Ciencias Naturales.

Dígase lo que se diga, allí el *Guernica* no hubiera estado en su lugar, no cabía, y no sólo físicamente, sino como representante y padre de la pintura contemporánea. Salvadas las distancias obligadas, ya fueron apartados de sus muros, por razones del estilo o edad, otros cuadros modernos, cuyos autores no es preciso citar, para recibir acomodo en el palacio de Bibliotecas y Museos, inaugurado en 1898 por Madrazo. Su nuevo hogar fue siempre considerado prolongación o segundo capítulo de su hermano mayor allá junto a la fuente de Neptuno, pero el arte que, como la política, suele ser agitado y mudable, fue llenando poco a poco aquellos nuevos salones con tantas nuevas obras que fue preciso de nuevo pensar en otros dedicados exclusivamente a la pintura más rabiosamente actual. Se levantó un nuevo edificio en la Ciudad Universitaria, destinado a los nuevos inmortales del volumen o el color; pero ya fuera la distancia o el ancestral desinterés por el arte en España salvo para venderlo o comprarlo, en caso de promoción sonada o cumplido aniversario, el caso es que aquel nuevo museo frente a la sierra de Velázquez nunca fue demasiado visitado y comenzó a desmoronarse.

Ahora, según parece, Picasso va a venir a salvarlo porque no hay nada como la muerte para dar vida a empresas culturales en el áspero corazón de los españoles. Va a salir de su olvido con otra exposición del mismo pintor, tras complicadas obras de adaptación que chocan desde tiempo atrás con medios económicos más que escasos, bien pobres. El arquitecto encargado de arreglar descalabros anteriores, asegura que un país no puede permitirse tener vacío un edificio de tales dimensiones.

Es posible que tenga razón, pero aquí en Madrid tenemos el famoso *Guernica*, ya de por sí todo un ciclo de pintura. No hubiera sido preciso echar abajo los tabiques del Casón, ni anular a Lucas Jordán en un recinto que tiene tanto que ver con Picasso como el antiguo Salón de Reinos

186

del palacio contiguo, actual Museo del Ejército, o la Casa de Campo. Se le podría haber instalado con urna y todo, cómodamente con luna antiproyectiles, detectores de metales, guardia armada y sistemas de alarma en su lugar más idóneo: presidiendo, amparando y dirigiendo las diversas vanguardias que de sus formas nacen cada día. Nos hubiéramos ahorrado dimisiones sonadas, y quién sabe si protagonismos inútiles. En vez de exhibir un cuadro como una reliquia, en olor de santidad patriótica y política, se le habría devuelto a la concreta realidad que explicó su autor: «un toro es un toro, un caballo es un caballo».

Aunque, según declara el patronato de este nuevo museo de las artes, una de sus primeras decisiones será la de delimitar qué son las vanguardias y a partir de qué fecha se debe dar cabida a sus obras. A lo peor Picasso ya no cabe en él. Será terrible que a la postre el *Guernica* ya resultara demasiado anticuado.

EL TEATRO DE LOS POBRES

EL TEATRO DE LOS POBRES

Cada vez que se inicia una nueva temporada no viene mal a la memoria recordar la llegada a España del nuevo arte cinematográfico. Más que arte era aquél un espectáculo para chicos y grandes sin demasiadas luces, juego de óptica en el que la ilusión viajó durante largo tiempo por barrios y solares. Invento tan inesperado para el público, aunque no para los que en él se afamaban a ambos lados del Atlántico, gozó pronto del favor de la época. Tal acontecimiento tuvo lugar, si no mienten los manuales, el quince de mayo del noventa y seis en el lujoso Hotel de Rusia entre Ventura de la Vega y la Carrera de San Jerónimo. Con el tiempo el Hotel Ruso se convirtió en inglés y para guía de forasteros y curiosos una placa señala dónde tuvo lugar tal novedad nacida en París curiosamente el día de inocentes.

De santo en santo, de fiesta en fiesta, fue ocupando lugar de honor entre las maravillas de su tiempo. Primero muy tímidamente, como un número más entre enanos, cantantes y mujeres barbudas para acabar erigiéndose en protagonista principal de universos nacidos en la oscuridad, tierras sólo de nombre conocidas ante los ojos atónitos de los espectadores. Luego llegaron toscas comedias donde galanes de tremendos bigotes mendigaban cenas en salones alzados por la Casa Pathé, recién llagada a vender su «teatro de los pobres». Del mismo modo que envió a los cuatro vientos a sus representantes a filmar y vender a cada cual su propia imagen, puso en circulación su famoso pathé-baby, caro juguete, que día a día fue perfeccionando. Negro por fuera y reluciente, los primeros con su pequeña manivela, los demás con su motor acelerado barrieron a su vez los juguetes de los mismos lugares burgueses cuyos padres un día desertaron del hermano mayor, bautizándolo con desdén «el teatro de los pobres».

Sin embargo, aquel teatro para humildes pronto llenó las salas. Comedias, folletines, fingidos reportajes montados sobre noticias de periódicos, consumieron muchas horas tranquilas en salones cerrados a otras más duras realidades.

Más tarde dejó a un lado su olor a churro y farolillo, para alzar más allá de los solares primitivos lo que con evidente fantasía pasó a bautizarse con nombres más espectaculares. No hubo local grande o mezquino que no se situara palacio, del Lido o de Versalles, y cuando aquellas primitivas historias breves multiplicaron su duración, pronto se vio que áquella novedad ensalzada y discutida, era capaz de arrastrar cada vez mayores capitales.

Hoy, en cambio, tan pobre se ha vuelto que se alimenta de continuas protecciones, y no sólo aquí, en donde como arte nunca gozó de buena salud. En tierras de Méliès o de Edison, la verdad es que el cine millonario también resulta cada vez más pobre de ideas, incapaz de encontrar mejor solución que volver sobre su propia historia. Y ello sucede cuando la pasión por la imagen parece revivir en videos y salas para jóvenes. Pobre teatro para pobres. El tiempo ha dado la razón a Méliès y Machado. Entre el solar, la barraca y la academia, tan sólo la imaginación le salvará, tan sólo el carbonero tiene llena de fantasía la cabeza.

LA DIGNIDAD DE CHAPLIN

Ha muerto Chaplin y con él, un poco, la dignidad del mundo, ese valor, esa virtud por la cual no abdicamos de un modo de pensar, de ser, de nuestra propia identidad, en suma, por encima de riesgos y avatares. Ha muerto y bien merecería un minuto de silencio en este tiempo en que ser fiel a uno mismo cuenta tan poco, en que todo, la ley, el arte, la razón o la piedad se compran o venden, se olvidan y corrompen en el pequeño mundo de la pantalla y en el amplio universo fuera de ella.

Nunca pensamos que llegaría el momento de su fin porque, como depositario no sólo de nuestros sueños sino de nuestras propias convicciones, le juzgamos siempre inmutable, joven, sabio y eterno. Sin embargo, más allá de la miseria de Londres, más acá de su postrer exilio, Chaplin pensaba que los hombres son poca cosa de por sí, que su grandeza depende sobre todo de su capacidad de relación con sus semejantes. No era pues eterno ni inmutable, ni inasequible, ni lejano. No desdeñaba al público; lo tenía por su principal juez, lo estudiaba, trataba de servirle con claridad, por encima de la técnica, aun en sus personajes más complejos. Y el público le devolvió el favor con una mutua relación, que acabaría elevándole de personaje popular a la categoría de sus propios mitos.

El público, es decir, el pueblo llano, se reconocía en él, reconocía su más preciado don: su dignidad, su capacidad de defenderla frente a los viles y los poderosos. Suavizada, matizada, escondida bajo su disfraz famoso, la dignidad de Chaplin, principal clave de su humor, venía a ser la de aquel desdichado caballero que imaginó Cervantes para salvar también a su héroe de prisiones, encuentros graves, amores frustrados y otros tristes eventos. Ambos a la postre salían a flote siempre por esa misma virtud y por saber que en un mundo de altivos nobles y lacayos mezquinos, les salvaba el hallarse más cerca de los humillados y de los ofendidos, de la gente de a pie, que en las cortes fingidas o entre leyes venales.

La facha, el atuendo de ambos, a unos dio que pensar, a otros movía a risa simplemente. Uno largo, menudo el otro, ambos en su medida poco usual movían a lástima quizás porque aparentaban ser más débiles de lo que en realidad se aceptaban o sentían. Si ambos hubieran sido bizarros, fuertes, altos, aptos para defenderse, es posible que no hubieran llegado a despertar tal simpatía, que los lectores y espectadores, a lo largo de los siglos, no se hubieran reconocido en ellos, que no hubieran llegado a ser universales. Sin embargo, como se ha dicho, ambos miraban a los humildes y a los desvalidos, nunca a los trepadores o a los necios, quizás porque, como ellos mismos, fueron y son la sal de la tierra y camino de los artistas verdaderos.

Así, ambos, comunes en su modo de afrontar la vida, ya que no afines en el tiempo, fueron y son entendidos de todos, empezando por los niños, pues su humanismo y capacidad de comprensión no aparecen en ellos como conceptos abstractos sino como algo rico y eterno a la vez, como la risa y la piedad a lo largo de secuencias o capítulos. Ninguno de los dos fustigará a los poderosos con el dedo de la Santa Inquisición, ni con frases o actitudes altisonantes, ni con juicios solemnes y ridículos. Les bastaba con sacar a la luz el humor de un gesto, abrir de par en par sus prisiones particulares, sus tibios purgatorios, para dar suelta a los males del alma y las miserias del cuerpo.

Cara a dos imperios universales, frente a dos grandes siglos de oro, el uno en las letras, en el cine el otro, ambos autores supieron hallar la razón suprema de su humanidad sin llegar a ser nunca aburridos o pedantes. Los dos hablaron para siervos y señores, y cuando el mundo en torno les volvió la espalda, el uno encaminó sus pasos hacia la corte; el otro con menos suerte duraría más pero también un día tomó su bastón —al que por cierto llamaba su *dignidad*— y enfilando ese camino hacia el horizonte en que acabaron tantos filmes de su cosecha volvió la espalda a América y se vino a morir a Europa, ya convertido para siempre en el último de nuestros genios individuales.

VISCONTI, EN LA VIDA Y EN LA MUERTE

Recientemente, durante el rodaje de la que habría de ser su última película: *El Inocente*, cuya proyección en Cannes supone un póstumo homenaje a su realizador, Luchino Visconti, semiparalizado desde tres años antes, afirmaba a un periodista: «Antes que vivir sin poder trabajar, antes que ser una momia en una silla de ruedas, me pego un tiro, me mato».

El destino, tantas veces generoso con él a lo largo de su vida, no ha sabido esperar o no ha querido conformarse a sus deseos y, anticipándose, le ganó esta vez por la mano.

Según afirman quienes asistieron a sus últimos trabajos y días, días seguramente no demasiado alegres, trabajos tan duros como puede ser dirigir una película por muy buen equipo que se tenga, Visconti sólo volvía a ser él mismo cuando junto a la cámara iniciaba cada mañana su jornada. Cuando, muy a duras penas, concluyó *Confidencias*, todo el mundo pensó que su carrera había terminado; pero no fue así y él mismo se encargó de demostrarlo, sucediéndose a sí mismo en otro filme más y un nuevo proyecto ahora truncado: la adaptación de un libro de Zelda Fitzgerald, la mujer del creador el *El Gran Gatsby*.

Sobre la vida, sobre la obra de este gran vástago de dos ilustres familias unidas a la aristocracia y a la industria más importantes de Italia, mucho se ha escrito y más se ha de decir, pero nada retratará mejor su personalidad que su torre de Ischia, donde gustaba de retirarse, lejos de su villa de Quinto, residencia habitual, o los ricos salones de su infancia donde ya dirigía sus primeras funciones, estudiaba música o se apasionaba por sus caballos.

Había nacido seis años más tarde de que el *Art Nouveau* triunfara en París en la Gran Exposición Universal, y en el mismo en que Italia lo reconoce en la suya de Turín. *El Palomar* de Ischia encierra entre sus muros neogóticos, abiertos al más puro Mediterráneo, esculturas de Minne, vasos de Leven, ángeles de Polowny, junto a dorados muebles estilo Carlos X. En esa torre se halla presente aún el amigo de Cocó Chanel, el ayudante, chofer y amigo sobre todo, de Jean Renoir, el niño mimado por un padre quizás altivo también, de una madre cuya muerte nunca olvidaría. A lo largo de esas galerías apuntadas que miran a un jardín de hortensias vivas, apretadas en torno a terracotas muertas, se halla ahora preso, inmóvil, el recuerdo de un hombre independiente, defensor de D'Annunzio y que entre toda su obra colocaba en lugar preferente *Rocco y sus hermanos*.

«Es un filme que quiero profundamente —decía—, que llevo en el corazón después de tantos años. Porque sucede en Milán, porque trata de la tragedia del sur y de los emigrantes interiores.»

Y sin embargo, en su obra favorita no se daban la mano la técnica y ese *buen gusto* tantas veces repetido al juzgarle, esa capacidad casi morbosa, al decir de algunos, para reconstruir ambientes que como los de su torre sobre el mar, van más allá de lo puramente estético hasta alcanzar categoría de símbolo.

Este hombre de la vida bella más que amable, testigo de una época trascendental en la historia última de Europa, soñaba para su vejez días tranquilos, viajes, más viajes aún, quién sabe a la búsqueda de qué tiempo, país o paraíso perdidos. Pero ahora esa vida amable tiempo atrás, se le había vuelto enemiga y él procuraba rechazar sus envites no volviéndole el rostro, volcando en la balanza de la suerte hasta su último respiro.

Creía en todo aquello que se halla por encima de nosotros —tales son sus últimas palabras— y más que en el buen Dios de los católicos, en la vida, en los hombres y sus obras. Amaba la lealtad, despreciaba la hipocresía y quien tantos amigos tuvo a lo largo de sus años se quejaba de soledad, lo que quiere decir sentirse viejo. Amaba a los vencidos y a la vez se reconocía vencedor, hasta su enfermedad, al menos. Pudo decir que su trabajo era su vida en el sentido más real de la palabra, pues entre médicos, masajistas y enfermeras, ese trabajo le mantuvo vivo a lo largo de tres penosos años. Se rebelaba contra su suerte por un elemental deseo de vivir, pero también por la obsesión de ser él y nadie más quien pusiera punto final a su propio drama. Quien lo vio en esos últimos tiempos asegura que físicamente era una sombra de sí mismo: sólo su mente seguía.

Ese tiempo feliz, esa época dorada de sus jóvenes años, no existía ya. Dos guerras acabaron con ella y el arte de Thomas Mann le había dado fin simbólicamente a manos de la peste en su *Muerte en Venecia.*

EL ÁNGEL AZUL

El día en que Joseph von Sternberg descubrió a su Lola en una humilde revista musical, no supo que la carrera de los dos se decidía, unida a la palabra que por entonces comenzaba a animar los pagos mudos del arte del cine. En aquella sorda batalla entre Chaplin y los hermanos Wagner, entre lenguas que por vez primera en la pantalla se tornaban barreras al parecer infranqueables, este realizador optará por un idioma universal, capaz de unir a públicos dispares.

A la sombra de una canción pronto famosa, ante una imagen que oponer a la invasión de Mae West y tantas otras opulencias rotas, sacó a la luz una nueva versión del sexo, hasta entonces inédita, consiguiendo a la vez su primer film hablado en Europa. Si el sexo americano suponía —formas aparte— unas gotas de ironía maternal capaces de animar la pasión un tanto ingenua de los acostumbrados códigos morales, aquel ángel azul de medias negras sobre la carne rutilante traía consigo, entre el teatro y el naturalismo, un decisivo enfrentarse con el hombre.

Lo de menos fue que Emil Jannigs disfrazado de viejo profesor se enamorara de aquella Lola en su cabaret miserable, hasta rozar el fango de la traición y la boda, lo que más arrebató a los espectadores fue aquella estrella que nacía agresiva y cruel, dispuesta a devorar los corazones.

Cada época tiene su mito y su medida, más allá de la cual cada uno sueña imposibles aventuras.

Marlene lo fue a partir de aquellos años treinta, desde aquel ángel azul, convertida en algo más que una muñeca fría, desdeñosa y perfecta. En el revuelto torbellino que desde su éxito inicial envolvió al director y su estrella, puede decirse que cada cual, aparte de encontrarse, se halló a sí mismo en sus días mejores.

En tanto se mantuvieron juntos, la suerte no cambió; sexo, muerte, canciones y una voz ronca y grave los mantuvieron por encima de vientos y avatares; una vez separados, el ángel sombrío acabó devorándose a sí mismo. Se refugió de nuevo en su mundo de cabaret, ahora elegante, repleto de nostalgias, con su canción triunfante, al compás de su estribillo eterno, aquel que anuncia: «Estoy hecha de amor, de la cabeza a los pies: ése es mi mundo; aparte de él, no hay nada».

EL FINAL DE UNA CARRERA

Quizás las dos estrellas más rutilantes de la fugaz «Nouvelle Vague» fueron el director Jean Luc Godard y la actriz Jean Seberg. También en cierto modo, resultaron a la postre los más fieles a su estilo y época, el uno en su vida, la otra en su imprevista y meditada muerte.

Debutó a una edad envidiable en un papel que a actrices avezadas suele llegar en la culminación de su arte. Dio vida nada menos que a la Juana de Arco de Otto Preminger, mas, como en el caso de la doncella de Orleans, su aventura concluyó en una pira de inútil celuloide, en aras de su fracaso memorable. Sin embargo, tales heroínas suelen contar siempre con paladines inasequibles al desaliento y, una vez más, Preminger volvió a alzarla como protagonista de una novela célebre: *Bonjour tristesse*.

Nuevo intento y nuevo final infeliz, para la estrella al menos, hasta que el otro Jean: Jean Luc Godard, se cruzó en su camino, en tierras de Francia, con un zurrón repleto si no de millones, sí al menos de ilusiones.

Vino entonces *À bout de souffle*, verdadera obra revolucionaria de la nueva ola y del cine de su época, en la que se inspiró no sólo el cine europeo sino el del otro lado del Atlántico que tantas veces negó el pan y la sal a la estrella. Gracias a aquel film tan modesto en recursos como rico en sugerencias, el público se acabó acostumbrando a un cine más directo y fluido, menos artificioso, libre por fin de cánones.

Y sin embargo, aquel cuento simple y lineal resultó a la postre maldito para ella. Godard continuó su carrera caótica y brillante repleta de momentos mediocres y de hallazgos brillantes, desde sus apasionadas confesiones a sus actuales experiencias. Jean Seberg, en cambio, se acabó convirtiendo en la actriz favorita de los demás realizadores de la generación. Así vinieron films sucesivos y mediocres, pues, como ya se sabe, el talento no se traspasa tan fácilmente como las estrellas. La de la Seberg fue declinando en Europa y América. En América su imagen no encajaba en los repartos y en Francia, cuando la nueva ola se convirtió en medrosa marejada, ya su nombre recibía elogios referidos siempre a su primera época. Y como vida y arte suelen ir unidos casi siempre, el tiempo desató una carrera de matrimonios fallidos a su vez, a la sombra del cine y de los libros.

A pesar de todo, esta mujer no demasiado afortunada fue siempre consecuente con su actitud frente a un destino no demasiado amigo. Se quejaba como tantos actores de que sólo le fueran ofrecidos papeles mediocres, pero al contrario que la mayoría no acababa aceptándolos, aun a costa de ciertos sacrificios. Finalmente se dedicó a escribir ensayo y poesía. Su muerte, su viaje al fondo de la noche de París con su agua mineral, su manta y barbitúricos, debió de ser alucinante. Las horas en ese tiempo debieron imitar las mejores secuencias de *À bout de souffle*. Nadie conocerá jamás cómo fueron, pues nada dejó escrito. Sólo nos resta de ella el recuerdo de una actriz frustrada pero auténtica, sincera y decidida.

EL ÍDOLO CAÍDO

Pocos nombres se han borrado en la vida del cine de estos últimos años con menos resonancia que el de Carol Reed. Y, sin embargo, este hombre, cuyos primeros años como realizador corrieron a la sombra del filme de oficio, ya que no de prestigio, había llegado a alcanzar, allá por los cincuenta, un lugar destacado en el mundo del cine británico.

Su vida, como su trabajo, irá siempre ligada a la obra de conocidos escritores, casi siempre especialistas en acción o aventuras, salvo raros casos. Así su primer trabajo en el teatro se inicia en compañía de un célebre artesano literario: Edgard Wallace, autor no sólo de novelas, sino también de comedias policíacas. Su pluma prolífica y su oficio innegable, madurado a lo largo de títulos y páginas, acabará por arrastrarlo a Hollywood que, como de costumbre, no dejará escapar peón tan eficaz para cierta clase de encargos, ya que no para filmes excelentes. Pero antes de cruzar el océano, Wallace, cuya visión comercial corre siempre paralela a su obra, se convierte durante cierto tiempo en empresario de comedias de aventuras y misterio que unas veces escribe, otras encarga y a veces firma con diversos colaboradores. A este teatro sin grandes ambiciones, trashumante y provinciano, llega Carol Reed como director, de la mano de su amigo. Pronto gana sólido crédito; se afianza en la dirección de actores y en el conocimiento de los recursos dramáticos, mas el mundo de la escena se le cierra y es preciso buscar salidas nuevas aunque para ello deba retroceder un poco, volver a empezar de nuevo, esta vez en el mundo de los estudios cinematográficos. Vinieron tres años de aprendizaje como ayudante y guionista, tan bien aprovechados que pronto se hallaba junto a cámara, ante un guión bastante flojo y un presupuesto no demasiado generoso. Y como los momentos cruciales de su carrera se hallan siempre marcados por obras literarias, su segundo filme viene a ser adaptación de una comedia de Priestley.

Esta vez el resultado es más positivo, al menos en las palabras de la crítica. «He aquí, por fin, una película inglesa que se puede elogiar sin reservas», dice *The Spectator*, en su columna dedicada al cine, que firma por entonces Graham Greene.

Este segundo hombre de letras influirá a su vez decisivamente en la carrera de Reed nada menos que diez años más tarde, pues el destino de ambos no parece apresurarse como el mismo realizador que, por entonces, sigue su camino de películas no demasiado ambiciosas, hasta sumar una serie de catorce, a la que pondrá fin la guerra definitivamente. Ya ha conocido el éxito a la sombra de Hitchcock, con su *Tren nocturno a Munich*, o tras los pasos de su maestro Wallace con *Su nombre en los periódicos*. Sin embargo, los años de la segunda contienda mundial le someterán a la dura disciplina del documental, en trabajos de puro montaje, salvo casos excepcionales.

Pero de estos años anónimos antes que de épocas más o menos comerciales, le viene a Reed un mejor conocimiento de cuál debe ser su verdadera temática, cuál el tipo de historias más de acuerdo con sus recursos técnicos. De aquellos lejanos tiempos de los dramas de aventuras a lo Wallace, viene ahora su afán por el cine de acción, por ese cine del hombre a la caza del hombre. Naturalmente el argumento lo tomará de una novela, *Larga es la noche*, tema similar al que John Ford recrea en *El delator*, pero que Reed transforma de problema individual de descripción de un hombre perseguido, en estudio de una sociedad entera con sus causas, sus mitos y sus justificaciones. Todo su oficio y sabiduría, su buen conocimiento de la progresión dramática, su capacidad para crear ambientes agobiantes, su lógica absoluta en efectos y encuadres, así como su habilidad para el montaje, aparecen en esta narración, sobre la revolución irlandesa, cuyo final adquiere rasgos de tragedia. Si ello supone su consagración definitiva, *El tercer hombre* llevará su fama a un lugar destacado en la cinematografía universal de la postguerra. Ya aquí, afinidades de forma y fondo, cierto gusto por el detalle y la intriga, y un pesimismo ambiguo le han llevado a colaborar con Graham Greene, quien, un año antes, ha escrito para él su obra maestra *El ídolo caído*. Este niño que ve derrumbarse poco a poco su admiración por un hombre acusado de asesinato recuerda, sin saber por qué, al propio Reed, debatiéndose al final de su vida cinematográfica por dar un sentido nuevo a sus obras posteriores.

Tras su excelente trilogía, es como si una puerta se cerrara a sus espaldas. Intenta adaptar a Conrad, pero Conrad es algo más que ambiente y aventura, es algo más que Greene, y la experiencia resulta un fracaso. Después, como recurso tardío, volverá a Greene en *Nuestro hombre en La Habana*, sátira de humor y espionaje que no le devolverá sus éxitos de antaño, que ni siquiera se repetirán en *Oliver*, su canto de cisne de academicismo depurado.

A la vista de sus últimos films, puede decirse que en sus postreros años este ídolo por tierra vivía solamente de recuerdos. El presente se le escapaba y el presente del cine corre, como se sabe, más aprisa que ningún otro. Tal vez Reed era demasiado inglés para ocuparse del destino de los otros, salvo en casos excepcionales. Su destino era su isla y, cuando quiso darse cuenta de que algo en Gran Bretaña había cambiado, otros, más alerta quizás, o puede que más sabios, ocupaban su trono, el lugar disfrutado durante tantas décadas por autores, realizadores y novelistas clásicos.

EL MENSAJE EN LA BOTELLA

En Antibes, entre Cannes, Niza y Menton, en plena Costa Azul, es decir, vecino de Scott Fitzgerald, Blasco Ibáñez y la Mansfield, vive entre París y Capri el último superviviente de una edad en la que los escritores buscaban ideas y reposo a orillas del mar Mediterráneo.

Dedicado en estos últimos tiempos a la investigación y denuncia de la delincuencia, dueña y señora de los casinos vecinos y demás lucrativos negocios, Graham Greene aún ha tenido tiempo de publicar, con la implacable regularidad que siempre ha caracterizado su quehacer literario, la segunda parte de su biografía, que se asoma por lo común a guerras, dictaduras o insólitos paisajes, en los que no podía faltar el cine, pues entre tanta pluma ilustre como la Costa Azul ha conocido, si exceptuamos a Blasco Ibáñez, ninguna estuvo tan unida a él ni le dio tanto como la del autor de *El tercer hombre*.

Su etapa de crítico supone cuatro años de trabajo y más de cuatrocientas películas vistas, demasiadas para un segundo oficio que, según el escritor, empezó como simple diversión, para acabar convertido en válvula de escape cada vez que la novela por entonces en el telar de la pluma y la memoria se negaba a seguir adelante; una huida, una evasión de hora y media más allá de la inexorable melancolía que abruma al novelista cuando lleva demasiado tiempo encerrado sin otra luz que la que nace de sus propias páginas.

Enemigo declarado del sonido en el cine, como la mayoría de los intelectuales de su tiempo, Greene recibe también con recelo el color que tiñe el nuevo rostro de actores y actrices. Lo que más atrás llama la atención en sus páginas es su minucioso mirar hacia atrás, a ese mundo de seiscientas horas de butaca, tras declararse incapaz de releer ninguna de sus novelas, salvo muy contadas excepciones. Su reserva sobre Greta Garbo, su irritación contra Hitchcock, al que tacha de superficial, le hace incluirlos con ironía en la cosecha de melodramas más o menos biográficos producidos allá por los años treinta, cuando entre retazos de vida de Zola o Pasteur, casa a Ricardo Corazón de León con Berenguela de Navarra según el rito anglicano.

Como cualquier espectador normal, a las películas *artísticas* prefiere las comerciales, las del Oeste, las policíacas. Sus opiniones personales, discutibles o no, le llevarán a enfrentarse con actores y actrices que le harán valer la fuerza de sus intereses ante los tribunales, como en el caso de la famosa Shirley Temple. La ambigua habilidad de esta niña-mujer para atraerse a los hombres es la primera sensación que aún hoy salta a la vista cada vez que se asoma a la pequeña pantalla en historias como *La pequeña coronela*. Greene lo anota en su columna, y los patrones de la estrella tomarán buena nota, llevando el caso ante los tribunales.

Mas a pesar de todo, de hacer crítica de cine a escribir guiones, tal como Greene explica, sólo hay un paso: el que separa al productor del teléfono. Así, un buen día, Alexander Korda hace al escritor la pregunta consabida: «¿No tendrá usted ningún guión por ahí?» y, como no lo tiene, el futuro colaborador, sobre la marcha, lo improvisa. Es el principio de una labor que, compartida más adelante con Carol Reed, dará pie a sus historias mejores.

Hoy, de momento, tras muchos films en común, *whiskies* y discusiones a lo largo de kilómetros de alfombra de hotel, las relaciones entre el escritor y el cine concluyen sobre el puerto de Antibes, donde Greene recibe muy raramente a los amigos.

Tiempo atrás, antes de que la Mafia y Niza ocuparan lugar y preferencia en sus preocupaciones, solía acercarse al vecino Festival de Cannes en busca de algún rostro amigo o asistía a los trabajos de Truffaut interpretando de incógnito pequeños papeles, como en *La noche americana*. Cualquiera que haya visto la película le recordará soso y desgarbado, demasiado grande en el papel de agente de seguros que viene a negociar la póliza del actor muerto poco antes. Si él, en su época de crítico, hubiera tenido que juzgar este breve trabajo suyo, a buen seguro que hubiera escrito un epitafio poco caritativo.

O tal vez no; ya que el cine, por robar impunemente temas, fondo y estilo a tantas otras artes, nos traiciona con juicios inesperados más a menudo de lo que desearíamos. Una canción, un rostro, un paisaje tienen a veces más poder sobre nosotros y nuestros juicios críticos que una historia completa con su planteamiento, su nudo y desenlace. Su falta de medios de expresión rigurosamente exclusivos o autóctonos, le hace más permeable al espectador, que no siempre sabe explicarse el porqué del interés que siente. Habida cuenta de que cine y novela son, quiérase o no, dos artes narrativas, la única respuesta válida quizá sea la que Greene nos ofrece al hablarnos de sus libros: «Escribir una novela es un poco como meter un mensaje en una botella y lanzarla al mar. Algún amigo o enemigo inesperado siempre lo recupera».

Se recupera o se pierde, como tantos films, en el mar del olvido de las cinematecas.

DESDE LIDO, PARA ALFONSO

En este día, del Lido de Venecia llega como resbalando sobre sus turbias aguas, la noticia de la muerte de Alfonso. Muerte en la muerte, vida que dio al cine lo mejor de sus días y sus noches, estos pasillos del Excelsior quedan vacíos por un instante, en el vestíbulo blanco se estremecen los sillones de mimbre y la voz del botones que canta eternamente nombres, calla el suyo definitivamente.

Cuando todos, quién más quién menos, hablan del final del cine, el nuestro muere un poco hoy también, al menos en lo que a ciertos años se refiere. *Alfonso Sánchez* se lleva consigo un tiempo en el que Cannes, Venecia o San Sebastián, sus premios y sus galas alzaban a orillas de dos mares sus barracas de lujo. El cine entonces era sobre todo de estreno, de escasos directores, de fingidas crónicas, de vidas inventadas, de nacionalidades definidas, más para andar por casa que para hacer frente al que por entonces llegaba de América, Alfonso siempre estaba allí. Su oficio, su veteranía, tantas horas de tertulia, proyecciones y viajes, llegaron a llenar su vida vacía de otro sentido que no fuera el de reconocerse a través de las de los demás a un lado y otro de la pantalla, lejos de su sentido verdadero.

Últimamente él mismo formaba parte de aquellas imágenes que tan bien conoció. Hasta hace poco se asomaba a las pantallas comerciales para contarnos su vida en un cortometraje con ese acento suyo peculiar y ese humor un tanto amargo con que solía hablar de sí mismo en ocasiones. Su soledad, sus libros, sus frustrados amores, su trabajo, del que se reconocía poco amigo, venían a ser el revés del espejo de sus días de playa y festivales. Su último éxito no fue precisamente con Anouk Aimée, su amor de siempre, como él mismo aseguraba; su despedida fue la otra pantalla menor desde la que cada semana opinaba, juzgaba con voz vacilante, entrecortada, aquel trabajo nuevo: a medias entre la crítica y el estrellato fue su canto final cuando ya le pesaban los años y las horas de sala.

Y, sin embargo, este cine de ahora tiene mucho que ver con el que él conoció y defendió: cualquiera puede verlo en esta Mostra, donde los films nacionales van perdiendo empuje ante las producciones del otro lado del Atlántico, cuyas estrellas apenas por aquí se asoman. Rodeados de domingueros italianos y turistas de fuera, los técnicos de la televisión se afanan intentando llenar sus horas de emisión aun a costa del tedio cotidiano. Mas en este mercado, entre la industria, el arte y el simple mecenazgo: surge de cuando en cuando una palabra, un rostro que de pronto se borra. Es el recuerdo de los viejos años para los que el rostro y la palabra de Alfonso Sánchez se apagaron hoy para siempre en su Madrid castizo del final.

En este mar de Venecia, turbio de remolinos e intereses, donde las góndolas lucen sus grecas de ataúdes: se ha ido al fondo un amigo que nunca volverá, con su voz vacilante y sus ojos de eterno sorprendido en busca de la clave de sí mismo, quién sabe si arrastrando su grave soledad por los inciertos canales que tantas veces le llevaron de Venecia al Lido.

ÍNDICE

GENTE DE PINCEL Y PLUMA

EL TEATRO DE LOS POBRES

Impreso en el mes de noviembre de 1982
en Romanyà/Valls, Verdaguer, 1
Capellades (Barcelona)